中等职业院校立德树人系列教材

美丽校园人读本

主　编　郭兴民
副主编　田俊收　杜永关　刘薇　曹莉

北京
冶金工业出版社
2017

内 容 提 要

本书以新生入校为起点，按照时间顺序，从认识校园、熟悉校园、建设校园等环节，从适应新校园、构建和谐人际关系等11个方面，从感性到理性阐述师生“共建、共享”美丽校园的理念；从认识到实践引导学生“认知”、“训练”、“养成”美丽校园所需要的知识、行为、能力、习惯，引导学生做一个美丽的校园人，实现校园文明建设的“知行合一”，成就个人理想，筑就中国梦。

本书可作为中等职业院校德育方面的教材，也可供广大青少年阅读。

图书在版编目(CIP)数据

美丽校园人读本/郭兴民主编．—北京：冶金工业出版社，2017.7

中等职业院校立德树人系列教材

ISBN 978-7-5024-7549-9

Ⅰ.①美… Ⅱ.①郭… Ⅲ.①入学教育—中等专业学校—教材 Ⅳ.①G718.3

中国版本图书馆CIP数据核字(2017)第159558号

出 版 人 谭学余

地　　址 北京市东城区嵩祝院北巷39号 邮编 100009 电话 (010)64027926

网　　址 www.cnmip.com.cn 电子信箱 yjcbs@cnmip.com.cn

责任编辑 陈慰萍 美术编辑 吕欣童 版式设计 孙跃红

责任校对 卿文春 责任印制 李玉山

ISBN 978-7-5024-7549-9

冶金工业出版社出版发行；各地新华书店经销；固安华明印业有限公司印刷

2017年7月第1版，2017年7月第1次印刷

169mm×239mm；12.75印张；244千字；191页

28.00 元

冶金工业出版社 投稿电话 (010)64027932 投稿信箱 tougao@cnmip.com.cn

冶金工业出版社营销中心 电话 (010)64044283 传真 (010)64027893

冶金书店 地址 北京市东四西大街46号(100010) 电话 (010)65289081(兼传真)

冶金工业出版社天猫旗舰店 yjgycbs.tmall.com

前言

党的十八大报告提出要“努力建设美丽中国，实现中华民族永续发展”。《国家教育事业发展“十三五”规划》也明确提出要“优化校园育人环境”，“建设美丽校园”。为深入贯彻落实党的十八大精神，中共天津市委在2013年十届三次全会通过了《美丽天津建设纲要》，对建设美丽天津做出了具体部署。

学校是教书育人的场所，是教师实现职业理想的地方，是学生展开梦想翅膀的地方，也是家长寄托期望的地方。建设美丽中国之于学校来说，就是要建设美丽校园，美丽校园是美丽中国的重要组成部分。天津市委教育工委、天津市教委在2013年就研究制定了《建设美丽校园服务美丽天津建设的若干意见》，提出经过“美丽校园建设”，到2020年天津市学校的校园环境更加优美，校园文化更加丰富，校园生活更加多彩，服务作用更加突出，全市学校基本建成美丽校园，办好人民满意的教育。

在美丽校园建设的实践进程中，目前尚无成熟的经验和固化的模式。为了建设美丽校园，我院积极组织教师开展讨论和研究，形成了一定的理论成果。本书坚持以人为本、以校园为载体，明确提出美丽校园“师生共建、师生共享”的理念。本书的叙述以中职学生为受众，主要从“如何成为美丽的校园人”入手，从理解美丽校园、适应新校园、构建和谐人际关系等多个方面，引导学生做一个美丽的校园人，成就个人理想，筑就中国梦。

本书由郭兴民担任主编，田俊收、杜永关、刘薇、曹莉担任副主编，孟繁硕、罗志超、马东宝、赵洁、刘乘霖、董斐、刘莹、郝茜、弭慧玲、陈雪丽、孙亮、冯邻溪、陈宏伟、穆丽娟、武文民、闫永荃等参加编写，天津市劳动保护学校1509班张名昭同学、16104班刘轩绮同学绘制了部分插图。感谢天津市劳动保障技师学院、天津市劳动保护学校领导和老师们的大力支持。本书在编写的过程中，借鉴了部分同仁的研究成果，在此一并表示感谢。

鉴于编者经验和水平所限，书中不足之处，欢迎读者批评指正。

编　者

2017年2月

目　录

1 美丽校园概述

每一位学子都有对校园的眷恋，都有对美丽校园的向往；每一位家长都望子成龙、望女成凤，希望把子女送进美丽的学校成长成才；每一位教师都像是辛勤的园丁，希望美丽校园里能够百花绽放、桃李芬芳。那么，承载着学生、家长、教师梦想的美丽校园究竟是一个什么样的世界？美丽是否会自己走到我们身边呢？

1.1 美丽校园，我心向往

[案例故事]

国庆节放假了，刚到某中专学校就读的小张坐上了回家的列车，踏上了回乡之旅。第一次离开家这么长时间，还真有点儿想家。虽然火车在风驰电掣般地向前奔驰着，怎么感觉还是那么慢呢？小张终于体会到了归心似箭的感觉了。途中遇到几个同样在外地求学的老乡同伴，几个人议论开了：

“我们的校园挺漂亮的。”

“我们学校的足球场踢球忒痛快了。”

“你们学校食堂的饭好吃吗？”

“我们的宿舍都安装空调了。”

“我们的那个班主任老师可好了。”

“我听说你们学校够乱的。”

“你可别瞎说啊。”

……

[析理导航]

是啊，在一所好学校就读，把人生最宝贵的青春融于美丽校园，是一件多么骄傲、多么幸福的事啊！那么，美丽校园，该是什么样子呢？

1.1.1 美丽校园的由来

党的十八大报告指出："必须树立尊重自然、顺应自然、保护自然的生态文明理念，把生态文明建设放在突出地位，融入经济建设、政治建设、文化建设、社会建设各方面和全过程，努力建设美丽中国，实现中华民族永续发展。"习近平总书记在十八大闭幕后同中外记者见面时说，"在漫长的历史进程中，中国人民依靠自己的勤劳、勇敢、智慧，开创了各民族和睦相处的美好家园"，"我们的人民热爱生活"，"人民对美好生活的向往，就是我们奋斗的目标"。"美丽中国"的理念得到社会的广泛认同。

为深入贯彻落实党的十八大精神，各省市地方都在制订符合地方实际的建设规划，推动美丽中国建设。中共天津市委在 2013 年十届三次全会通过了《美丽天津建设纲要》，明确提出"把生态文明建设放在突出地位，融入经济建设、政治建设、文化建设、社会建设各方面和全过程，加快建设资源节约型、环境友好型社会，形成节约资源和保护环境的空间格局、产业结构、生产方式、生活方式，扎实推进美丽天津建设，实现经济发达、政治民主、文化繁荣、社会和谐、生态良好、人民幸福，具体体现在科学发展之美、自然生态之美、人居环境之美、人文行为之美、生活幸福之美"，对建设美丽天津做出了具体部署。

学校是教书育人的场所，是教师实现职业理想、学生实现梦想憧憬的地方，是"梦开始的地方"。建设美丽中国之于学校来说，就是要建设美丽校园，美丽校园是美丽中国的重要组成部分。为创造良好的育人环境，培养社会主义建设者和接班人，天津市委教育工委、天津市教委在 2013 年就研究制定了《建设美丽校园服务美丽天津建设的若干意见》，提出经过"美丽校园建设"，到 2020 年天津市学校的校园环境更加优美，校园文化更加丰富，校园生活更加多彩，服务作用更加突出，全市学校基本建成美丽校园，办好人民满意的教育。

1.1.2 美丽校园的概念

美丽中国、美丽天津、美丽校园之"美丽"一词，实际上是一个非常大众化的、通俗化的用语，代表了人们的美好愿望。人们可以在很多方面使用这个词语，例如，一个美丽的地方、一个美丽的传说、一个美丽的家园、美丽的心灵、一个美丽善良的女孩，等等。只要是提到"美丽"的词汇，就会给你无限的联想。"泰山之雄，华山之险，嵩山之峻，恒山之幽，衡山之秀"是美丽，"柳叶眉，杏核眼，樱桃小口一点点"是美丽，"见义勇为、舍己救人、孝敬父母、帮助他人”是美丽，“正直、勇敢、诚实、善良”是美丽，“尚贤、守法、节俭”是美丽，“安静、祥和、稳定、发展”是美丽，“人尽其才、地尽其利、物尽其用”是美丽……

因此，“美丽中国”是一个描绘中国人民向往的美好生活状态的词语，是能够实现人民期盼的“更好的教育、更稳定的工作、更满意的收入、更可靠的社会保障、更高的医疗卫生服务、更舒适的居住条件、更优美的环境”，使“孩子们能成长得更好、工作得更好、生活得更好”的中国，具有生态文明的自然之美、科学发展的和谐之美、温暖感人的人文之美的丰富内涵。

“校园”和“学校”是相互联系又相互区别的概念。一般情况下，“校园”是一个反映空间维度内的区域或场所的概念，可以指通过有形的或者无形的围墙所划定的、用于教育教学等活动的、归属学校所有的整体区域，也可以单指除去各类建筑和设施占地以外的归属学校的区域、空间。而“学校”则往往是指以培养人、教育人为目的一个特殊的社会组织。学校一般具有法律拟制的人格，其构成要素之一就是必须要有一定形态存在的“校园”。

在建设“美丽中国”、“美丽天津”的语境下，建设“美丽校园”之“校园”，就不再是一个简单的区域、空间、场所的概念，而是一个在一定物质条件支持下、由师生共同参与的，通过实施教育教学过程来实现立德树人使命的共同体。我们所要建设的美丽校园，就是要建设学生愿去、家长放心、社会欢迎的学校，就是要建设人民心目中的“好”学校，就是要建设能够承载“办好人民满意的教育”使命的校园。

1.1.3 美丽校园的特征

拥抱美丽的校园，在美丽校园里成长，是每一名学子心中的向往。那么校园的美丽，美在何处？

1.1.3.1 美在校园的“人”

校园里的“人”，可以简称为“校园人”，包括教育者和受教育者两方面。

教育者包括学校的教师以及管理、工勤等各种岗位的人员，从学校管理角度可以统称为“教职工”，而对于学生而言，均应称为“老师”。美丽校园必须有美丽的老师——有理想信念、有道德情操、有扎实学识、有仁爱之心的好老师，好老师是学校的品牌。

受教育者是指校园内接受各级、各类、各种形式教育的学生。学生是成长的主体，反映学校的存在价值。美丽的学生——心存感恩、志向高远、知书达理、德技双馨的好学生，好学生是学校的骄傲。能够培养出美丽学生的校园才真正称得上是美丽校园。

1.1.3.2 美在校园的“物”

这里的“物”，泛指校园承载人才培养职能所依赖的那些物化的条件与环境，既包括校园内用于教育教学的教学楼、办公楼、校内实训厂等建筑物，也包括这些建筑物内的设备与设施；既包括操场、球场、体育馆、活动中心、游戏场和游泳池等室内外活动场所与设施，也包括宿舍楼、食堂、浴室等生活服务条件与设施；既包括除去各种建筑和运动等场所占地以外的校内庭院空间，也包括校园内的山水、灯光、雕塑。

校园里这些“物”，体现着学校的文化历史、教育价值与追求，彰显着学校的个性美；其完备与否、品质优劣直接影响学校教育活动能否正常开展。对师生的校园活动有“满足感”的校园才是美丽校园；影响“校园人”的心理感受，给人“舒服感”的校园才是美丽校园；对校园人的品德、价值观、行为等产生浸润性的影响，能够康健身体、涵养人文、使人有“获得感”的校园才是美丽校园。

1.1.3.3　美在校园的“关系”

校园里的“关系”，分为人与人的关系、人与物的关系两大类。人与人的关系包括个体的教师之间、学生之间、教师与学生之间的相互关系，也包括个体与集体之间的关系，这些都属于校园内的人际关系。人与物的关系，校园内是指教师、学生这些“人”与校舍、教室、运动场、绿地景观以及其他校园环境的组成要素这些“物”之间的关系；校园外，主要是“人与社会”的关系，指师生带给社会的影响。师生带给社会正面的、积极的影响，教师以自身良好的师表形象和实际表现，把正能量传递到社会中，影响社会中的人，学生以自身的劳动为社会、企业做出贡献，这些关系代表校园人的美。

无论是教师还是学生，就其个体而言，其与自身之外的人或物之间的关系，都可以称为个体与环境的关系。校园里的人与人之间、人与物之间相互依存、相互影响、相互制约、相互作用的关系，形成了特定的校园生态。和睦相处的、教学相长的、尊师重教的、团结互助的关系是一种美丽；校园环境适宜人、人爱护校园环境、人与环境和谐共生的关系是一种美丽。校园里的“关系”是一种建设成果，是一种客观的存在，也是一种精神、文化、风气的展现，反映着事物之间的联系。

1.1.4　美丽校园的基本条件

(1) 优美的校园环境。环境美是美丽校园的外在特征。校园建筑的整体布局，包括结构、造型、色彩、材质、功能等要素的协调；校园内的道路、花草树木、人文景观的规划设计，教室、办公室、图书馆、实习车间、食堂、宿舍等场所的内外装潢装饰与布置；校园内各种场所的洁净状态等，都能体现出学校对美的追求，也是人们对校园美的基本评价。

(2) 完善的设施设备。教育教学的设备设施、文化设施以及生活服务保障等条件是美丽学校必不可少的内容。对于职业院校来说，实习实训的场所、设备设施（见图 1-1、图 1-2）尤为关键，这也是其区别于普通教育校园最明显的地方。完善的设备设施、良好的实习实训条件，能让学生“动脑动手”，学习理论，操作设备，进而培养出合格的技术技能人才。

图 1-1　某职业院校的汽修实习场

图 1-2　某职业院校的数控实习车间

（3）优秀的师资队伍。百年大计，教育为本；教育大计，教师为本。教师是一个学校的核心力量，只有具备优秀的教师，方能培养出优秀的学生。对于职业院校来说，它应该打造一支高素质、高技能“一体化”的师资队伍，它的教师特别是专业教师都应该是“多面手”，上讲台能“讲课”，下车间能“干活”，得有“真本事”。

（4）厚重的校园精神。校园精神是校园文化的核心，它是一所学校在长期发展过程中逐渐形成的共同价值取向和心理诉求，是一所学校在各种环境下得以发展壮大的精神支柱，是激励全校师生为自己的美好目标努力奋斗的精神动力。一所学校的校园精神凝聚于其办学宗旨、校训、校风、教风、学风等精神载体的表述语之中（见图 1-3），体现在一代代校园人身上，校友中的典型、教师中的

图 1-3　某职业学校的学风标语

典范都洋溢着校园精神的光芒。一所学校对于人的真正影响，不在于知识的传授，而在于厚重的校园精神的熏陶。对于职业院校，提倡培育和践行社会主义核心价值观，弘扬“劳动光荣、技能宝贵、创造伟大”的时代风尚，培育崇尚劳动、敬业守信、精益求精、敢于创新的大国工匠精神。

（5）鲜明的办学特色。“天下皆知美之为美，斯恶已”。美丽校园之所以美丽，就在于它的与众不同，在于它的办学特色。有特色的学校，才可能培养出学生的特殊品质、特殊技能，才可能为学生的未来发展创造出人所未有的能力与机会。目前，很多职业院校逐渐向学历教育“看齐”，失去了自己应有的特色，这将使其失去存在的必要性。职业院校要有鲜明的办学特色，要以技能人才培养为中心，加强人才培养模式的研究和实践，突出高素质、高技能人才培养的办学特色，突出行业优势，突出双师型教师的特长优势，培养未来的“匠人”，这样才能在激烈的竞争中立于不败之地。

（6）人才的培养质量。建设美丽校园是为了践行立德树人的教育使命，学生、家长们追求美丽校园是为了让学生在校园中得到美的熏陶。人们内心中对美丽校园的所有期望，实际上都集中于教学质量上，表现在人才培养的质量上。美丽的校园可以像花园，但不能是公园。就职业教育来说，美丽校园应该培养出高素质、高技能的人才，实现“让学生好就业、就好业、稳定就业”的教育理想。

[行为训练]

行为训练 1　报名咨询情景再现

任务单：确定不同角色，再现当初自己去参加报名咨询的情景。

任务目的：通过角色扮演，体验和反思学生和家长对“美丽校园”的理解，从而加深对“美丽校园”内涵的认识。

任务要求：以 3~5 人为一个小组，共组成两个小组。A 组成员分别扮演准备选择一所中职学校的初中毕业学生、学生的父母以及亲朋好友。B 组成员主要扮演招生咨询老师，负责解答学生及家长提出的各种问题。模拟在室内外、现场参观过程等皆可。模拟现场可以适当布景。

角色扮演：

A 组人，角色分别为________、________、________、________、________。

B 组人，角色分别为________、________、________、________、________。

模拟咨询过程，学生与家长、亲朋好友的关注点各是什么？有什么差别吗？

学生主要关注：

学生家长主要关注：

学生和家长共同关注：

行为训练 2 美丽校园征文

任务单：以“梦开始的地方”为题，开展征文活动。

任务目的：通过征文比赛，表达对自己刚刚踏入的校园的期望，提高对美丽校园建设的认识。

任务要求：给学生预留出一定的完成征文的时间；独立完成征文，体裁不限（诗歌除外），字数不少于 600 字；以小组为单位，按照一定比例推荐小组优秀文章；利用班会、晨读、晚自习等时间，安排学生朗读优秀文章；向墙报、校报等投稿；以班为单位，编辑电子版《××班之梦》征文选编，有条件的班级可以刊印成纸质文本，留作纪念。

知识链接

美的含义

在生活中，“美”是一个人们非常乐于接受的词，那么，该如何解释“美”呢？

（1）“美”的字形。“美”的字形如图 1-4 所示。

甲骨文　金文　小篆　楷体

图 1-4 “美”的字形

（2）“美”的基本释义。

1）指味、色、声、态的好，如美味、美貌、美观、良辰美景。

2）指才德或品质的好，如美德、价廉物美。

3）善事、好事，如“君子成人之美，不成人之恶”。

（3）“美”字的诠释。在日常生活中使用“美”字，可以从非美学含义和美学含义两种情况来解释。

1）非美学含义。这包括两方面含义：

① 用于生理、心理需要满足时的感叹和对满足生理需要的对象的肯定性评价。如对食物、酒称之为“美食”、“美酒”，吃饱喝足之后发出“美极了”的赞语。这里的“美”就是好的意思，指的是一种感官的快感，是对“美”字原始含义的沿袭。

② 用于伦理评价，对人的行为、思想、言论符合规范的一种赞同，这里的美就是“善”的意思，体现了我国传统文化中“美善同源”的审美观念。当前社会生活中，“最美中国人”、“最美乡村医生”、“最美女教师”、“最美少年”等评选活动，即是如此，体现了一种社会价值观的追求。

2）美学含义。“美”的概念有三层含义。

① 指的是具体的审美对象，或者说是“美的东西”。

② 指的是众多审美对象所具有的特征，主要是形式和形象上表现出来的审美属性。

③ 指的是美的本质和美的规律。

1.2 美丽校园，师生乐园

[案例故事]

图 1-5~图 1-7 是某职校的三幅场景，该校毕业生对此印象深刻。绿茵点红妆，当初肯定流过太多的汗水。多少次，三五成群，漫步在校园的林荫小道。从胆怯怯不敢伸手的学徒，到灵活操纵现代机床的行家里手，你有了技行天下的本领。现在再看看阵容中的自己，再找找当初自己留下的脚印，再想想自己加工的第一件产品，你是不是别有一番滋味在心头？美丽校园，寄托着我们的梦想，见证着我们的成长。

图 1-5　绿茵场上伞花开

图 1-6　静谧的校园林荫道

图 1-7 职业素养养成环境

[析理导航]

1.2.1 美丽校园，学生成长的乐园

接受中等职业教育的青年学生，年龄基本上处于 15~18 岁之间，他们体力充沛，精力旺盛，生理状态处于一生中的“黄金时代”。洁净的校园卫生环境、舒适的住宿生活条件、健全的体育锻炼场所和设施、丰富多彩的校园文体活动等，为青年学生加强锻炼，强健身体创造了必要条件。

“少年正是读书时”，只要是走进校园的学生，就有向真向善的追求，就有发展自我的愿望。美丽的校园里有明亮的教室、宽敞的实习车间、功能齐全的实习设备、现代化的教学手段，有敬业爱岗、技艺精湛的教师诲人不倦、循循善诱，给学生指点迷津，指导学生掌握理论知识和专业技能。

“人人都是德育工作者，处处都有德育工作”，“做值得学生感谢、感激、感恩的教师”。和谐的师生关系、融洽的同学关系、良好的育人氛围，美丽校园给青年学生累积了茁壮成长的肥沃土壤。

“让学生好就业、就好业、稳定就业”，突出的是学校服务学生、服务家长、服务社会的办学宗旨。“我拼搏、我充实、我快乐；讲素质、练技能、赢人生”，突出的是学生全面、可持续的发展。正确的办学方向、先进的办学理念、全面发展的办学目标，让学生知道自己如何飞得更高、走得更远。

接受中等教育的青年学生，每天至少有三分之一的时间是在校园里度过的。而对于那些住宿制学生来说，他们离开家、离开父母，校园的学习和生活将是他们求学时期青春生命的全部。虽然在每个周末都想着早点儿回家，甚至会偷偷地

"溜号"，但是，在每一个假期结束之际，总会有很多学生早早地提前返校。他们不经意间，流露出对校园的归属情感。校园里的点点滴滴，都会给他们留下深刻的印记，成为一段抹不去的历史记忆。美丽校园不仅关乎其现在，也会关乎其未来。

1.2.2 美丽校园，教师幸福的源泉

教师是一种职业，教师们辛勤的劳作，"像蜡烛那样燃烧自己"。完善的教育教学设备设施为教师的教育教学改革提供有利的物质条件，和谐的人际关系让教师心情舒畅地开展工作，美丽的校园环境、舒适的办公环境、良好的社会声誉，让教师感到职业的自信……

教师会把自己的工作当成一种事业，校园承载着他们的幸福与追求。得天下英才而育之，是一种幸福；学生有了进步，是一种幸福；受到学生的爱戴，是一种幸福；得到家长的信任，是一种幸福；自己的专业有了发展，是一种幸福；被同行尊重，是一种幸福；在令人羡慕的学校工作，是一种幸福；在美丽的校园里教书育人，是一种幸福……

"铁打的营盘流水的兵"，一届届的学生毕业了，面对空荡荡的教室，面对静悄悄的校园，教师们会松下一口气，但内心深处还会生出丝丝惆怅。教师职业生涯的全部都是在校园里度过的，校园里的工作是他们的经济来源，也是他们生活的一部分，更是他们事业的全部。校园里付出、校园里收获，校园生活倾注着他们全部的职业情感，美丽校园就是教师幸福的源泉。

有幸福的教师，才会有幸福的学生。教师的幸福不是教师的私事，建设美丽校园是为了教师的发展，更是为了学生的未来。

1.2.3 美丽校园，美丽中国的希望

学校不同于其他一般性的企事业单位和社会组织，在一个民族、一个国家、一个社会的发展中具有特殊的使命和功能。美丽中国建设，必然包含着对美丽校园的追求。

学校是培养人才的机构，校园是人才成长的摇篮。学校教育使学生懂得如何做人、如何做事，掌握必要的社会规范，培养一定的社会意识和责任感，推进学生社会化进程的完成。从我国的现代化建设来说，学校教育承担着立德树人、培养社会主义建设者和接班人的历史使命。

学校是文化传播的载体，学校教育使历史积淀下来的民族文化乃至人类文化精华传递给一代代学生个体。通过文化的传承，民族的、人类的文明得以延续。

学校教育具有强烈的经济功能。学校聚集着文化学者，有丰富的科技创造力。科学技术就是生产力，学校无疑会推动社会经济的向前发展。

作为特殊的教育形式，职业教育还具有鲜明的社会功能。对于职业院校来说，它是以就业或者职业发展为导向的特殊教育，承担着培养高素质技能型人才的使命。它通过培养和提高求学者的职业能力，使学生个体和家庭享受有尊严的生活，有效促进社会的和谐稳定。

“世界是你们的，也是我们的，但归根结底是你们的。你们青年人朝气蓬勃，正在兴旺时期，好像早晨八九点钟的太阳。希望寄托在你们身上”。校园是青年学生成长的地方，代表着未来和希望。美丽校园，是美丽中国的希望。

[行为训练]

行为训练 1　歌曲欣赏《脚印》

《脚印》是 20 世纪 80 年代国内非常流行的一首校园歌曲，由王洁实、谢莉丝演唱。

任务单：欣赏校园民谣《脚印》。

任务目的：欣赏歌曲，使学生沉浸在对美丽校园的遐想中，思索美丽校园对于自己的意义，思考自己将如何度过今后的校园生活。

任务要求：播放《脚印》歌曲；学唱歌曲；合唱歌曲。

分组讨论记录：

自己的感悟：

行为训练 2　“美丽校园，人生的财富”主题班会

任务单：聘请优秀毕业生回校，给在校生做专题报告。

任务目的：通过优秀毕业生回顾自己在校期间的学习生活，学生体会美丽校

园对于学生在校学习以及今后的工作生活的重要意义。

任务要求：班主任自己或通过就业指导中心等途径，选择聘请 1~2 名优秀毕业生代表；以学校名义与毕业生所在单位沟通；与选定的毕业生进行报告主题的沟通；确定举行的时间，布置教室环境，烘托气氛；召开主题班会。

主题报告主要内容记录：

____

____

____

____

自己的感悟：

____

____

____

____

1.3 美丽校园，共建共享

[案例故事]

图 1-8~图 1-11 是校园里常见的几种场景。如此校园，谁之过？谁来建设美丽校园？

图 1-8 上课“真忙”

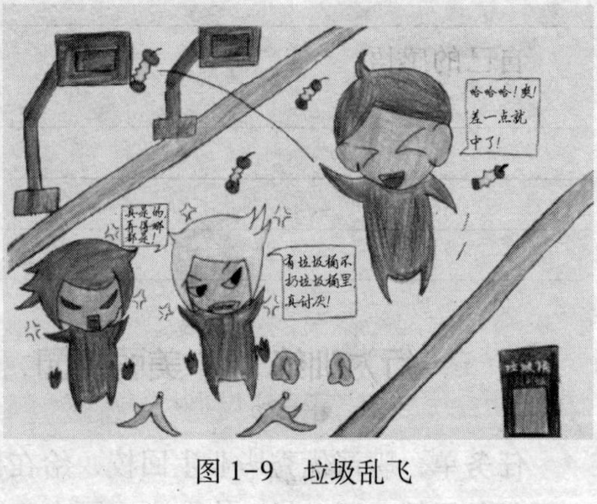

图 1-9 垃圾乱飞

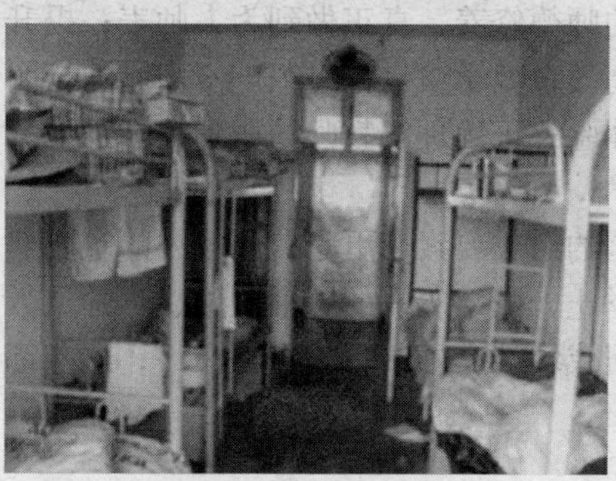

图 1-10 宿舍成了仓库

图 1-11 脏乱差的草坪

[析理导航]

1.3.1 美丽校园，劳动创造

校园是教书育人的场所，不是自然物。美丽校园不是天然的花果山，它是人们社会实践的产物。漂亮的教学楼、明亮的教室、舒适的宿舍、芬芳的花草、齐全的设备、良好的校风、教师的高尚师德、学生的文明礼貌、和谐的人际关系、浓厚的文化氛围……“劳动创造了美”，校园里的每一个美丽元素都是校园人的劳动创造。

美丽校园不是一天建成的。美丽的建筑需要一砖一瓦的垒砌，蓊郁的花草树木需要慢慢地成长，洁净的卫生环境需要每一天的维护，文明的行为习惯需要日久天长的养成，良好的校风学风需要一代代的传承光大，浓厚的文化精神需要历史的积淀……

美丽校园需要审美。法国著名雕塑家罗丹说过：“世界上不是没有美，而是缺少发现美的眼睛。”美丽校园需要创造美的事物，也需要不断提升校园人的审美素养，学会发现美、欣赏美、享受美。对美丽校园的追求，能够促使人们珍惜美、维护美、创造美。

1.3.2 美丽校园，师生共建

校园是师生共同体，师生是校园的主人，美丽校园建设需要师生的共同参与。

美丽校园建设需要学校组织的顶层设计。美丽校园建设不是自发的事情，而是一种自觉的行为，是学校作为社会组织有计划、有目的的一种实践活动。为了更好地履行学校使命，学校组织需要对美丽校园建设做出规划，团结和带领全校师生共同开展美丽校园建设的伟大实践。作为校园中的一分子，每一名师生都要积极响应学校的号召，投身到美丽校园的建设中去。

教师是校园活动的主导力量，既是美丽校园建设的组织者，也是美丽校园的建设者。每一位教师都应该不断提高自身的师德修养，真正做到为人师表；提升自己的专业技能，改进教育教学方法，提高教育教学质量；组织丰富多彩的校园文化活动，给学生创造更多的道德、审美体验；正确理解教师的职责，真正地关心关爱学生，使学生真正学有所得。

学生是校园活动的主体，既是美丽校园的组成要素，更是美丽校园的重要建设者。得体大方的仪容仪表、优雅的言谈举止、团结友爱的同学关系、尊师重教的师生关系、严肃的课堂纪律、优异的学习成绩、良好的行为习惯……，这些都需要各位学生付出极大的努力。

1.3.3 行动起来，做美丽校园人

（1）提高对美丽校园的认识。美丽校园建设应该树立如下理念：其一，美丽校园，师生共建；其二，美丽校园，共建共享；其三，美丽校园建设，人人有责。

美丽校园建设，是国家的事，是社会的事，但终归是校园人自己的事。每一名校园人都应认识自己的责任，增强美丽校园建设的自觉性、积极性。

（2）要提高自己的审美素养。审美素养包括认识美、评价美、感觉美、鉴赏美、享受美、表达美、创造美的意识和能力。从本质上来说，人的审美素养是在长期的学习、生活、工作中逐渐形成的。

中职学生要努力做到：积极参加学校组织的志愿者活动、社团活动、文艺演出等文化活动，要接触社会、深入生活、观察生活，丰富对社会生活的体验，加强自己的审美感受；积极参加校内的各种生产实习，参加学校组织的到企事业单位参观考察的社会实践活动，深刻体会劳动创造美的基本观点；严格要求自己，加强思想道德修养和科学文化修养，自觉接受先进文化的陶冶，使自己的思想道德境界不断升华，培养自己的健康情趣。

（3）积极行动起来，做美丽校园人。党的十八届三中全会《中共中央关于全面深化改革若干重大问题的决定》中明确提出“改进美育教学，提高学生审美和人文素养”。这既是对学校的要求，也是对学生的希望。中职学生为了自己的发展，为了自己的健康成长，要积极行动起来，从我做起，从小事做起，从现在做起，为美丽校园建设做出自己的贡献。

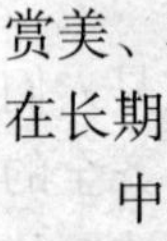

[行为训练]

行为训练1 “摈弃校园陋习，建设美丽校园”主题班会

任务单：召开“摈弃校园陋习，建设美丽校园”主题班会。

任务目的：通过讨论，分析校园中存在的丑陋的、不文明的现象，用简洁、形象、准确的语言归纳出“校园十大陋习”，引导学生克服陋习，文明自我，建设美丽校园。

任务要求：

（1）6 人为一组，把班内学生分为若干个小组。事先印制好“校园陋习调查表”（见表 1-1），学生人手一张，根据自己的观察和认识填写。

（2）小组讨论，归纳出本组成员对于校园陋习的一致认识。将各组归纳出来的陋习现象并列书写在黑板上，观察比较、归纳，按出现率从高到低排列各陋习现象，归纳出全班学生对校园十大陋习的认识。

（3）由教师或者学生对归纳出的十大陋习进行分析，指出危害，力求克服、摈弃。

表 1-1 校园陋习调查表

校园陋习调查表		
第____组组长：________；成员：________、________、________、________、________		
序号	陋习现象	陋习现象的语言描述
1		
2		
3		
4		
5		
6		
7		
8		
9		
10		

行为训练 2 “劳动创造美丽校园”主题实践活动

任务单：选择校园某一区域，开展“劳动创造美丽校园”的实践活动。

任务目的：通过实践体验，理解“劳动创造美丽校园”的观点，养成良好习惯，珍惜他人劳动成果，自觉维护校园环境。

任务要求：班主任指导班委会研究制订实践活动方案（见表 1-2）；明确校园内的某一区域，确定需要清整的具体内容（干什么活）；以小组或个人为单位，划定责任区；确定完成的时间、检查标准、安全要求；现场检查、评定成绩；集合，班主任或班长做活动总结。

表 1-2 劳动创造美丽校园主题实践活动方案（简表）

<table>
<tr><td colspan="2">活动主题</td><td colspan="6">劳动创造美丽校园主题实践活动</td></tr>
<tr><td colspan="2">活动班级</td><td></td><td>班级人数</td><td></td><td>参与人数</td><td></td><td>参与率</td></tr>
<tr><td colspan="2">活动背景</td><td colspan="6"></td></tr>
<tr><td colspan="2">活动目的</td><td colspan="6"></td></tr>
<tr><td rowspan="7">活动准备</td><td>时间</td><td colspan="6"></td></tr>
<tr><td>场所</td><td colspan="6"></td></tr>
<tr><td>分组及责任</td><td colspan="6"></td></tr>
<tr><td>检查标准</td><td colspan="6"></td></tr>
<tr><td>纪律、安全</td><td colspan="6"></td></tr>
<tr><td>工具准备</td><td colspan="6"></td></tr>
<tr><td>宣传安排</td><td colspan="6"></td></tr>
<tr><td colspan="2">活动形式</td><td colspan="6"></td></tr>
<tr><td colspan="2">活动过程</td><td colspan="6"></td></tr>
<tr><td colspan="2">活动总结</td><td colspan="6"></td></tr>
</table>

2　校园，美丽的家

同学们，当你踏进这个校园时，是什么感受？校园给你留下印象最深的是什么？对于这两个问题，有人回答起来会滔滔不绝，有人却根本回答不上来。如果你仔细地观察，认真地体会，一定有自己的答案。

很多人在离开母校之后，还记得学校里的一草一木，还记得和同学们、老师们之间的点点滴滴。因为这个校园，给他留下了很多美好的回忆。

校园是学生们第二个家园，校园是师生共同成长的幸福乐园。所以，当我们身处在一个校园中生活、学习时，一定要珍惜这段美好时光，一定要爱护学校的一草一木，因为这些都会存在于我们的记忆深处！

2.1　校园生活攻略

同学们，当你进入一所新的学校，是否感到生疏、迷茫？怎么样才能快速融入新的环境？我们刚进入一所新的学校，应该尽快认识新校园，认识校园中的景色、功能，认识校园中的人，这样才能较快开始新的学习生涯。

[案例故事]

案例 1：小李，刚考到了一所中职学校。她性格内向，沉默寡言，经常独来独往。她到学校半学期了，还是很迷茫，也没有朋友。她课间总是忧郁地朝着窗外发呆。每天的情绪低落，做什么事情都没有精气神。她对校园很陌生，不知道该去哪里，也不知道该干什么。

案例 2：某校园平面图如图 2-1 所示。

观察学校的平面图可以从整体上认识学校的布局，对制作校园生活攻略卡有很大帮助。

案例 3：某学院学生制作的校园生活攻略卡，如图 2-2 所示。

[析理导航]

案例 1 中的小李，到一所新学校后，没有积极主动了解校园、融入新环境，

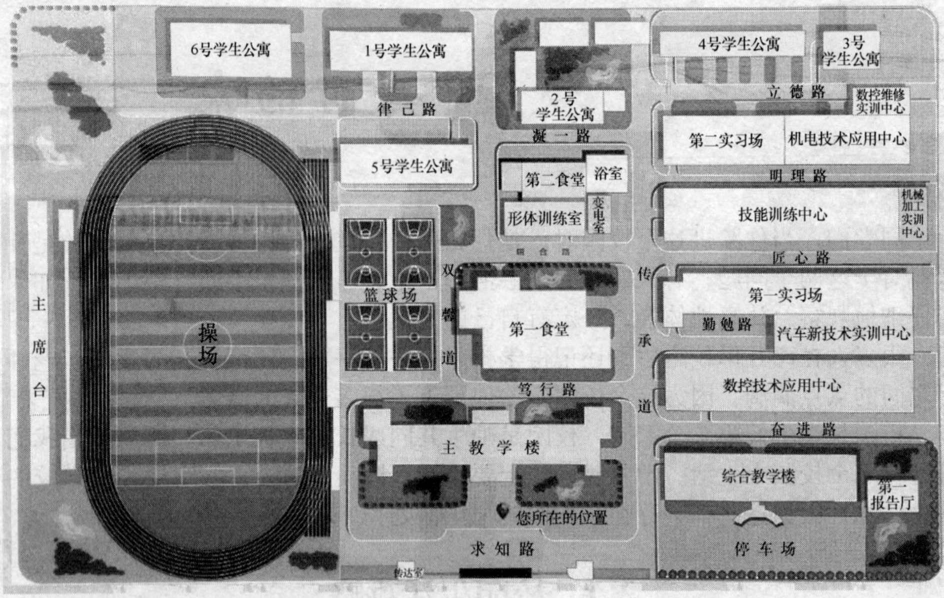

图 2-1 某职业院校平面图

导致在适应新环境这一挑战中遇到了困难。案例 2 是一所学校的平面图，大部分学校都有类似的平面图，从这个图中可以了解校园的建筑分布、功能设置，它是了解校园的重要途径。案例 3 是学生绘制的一张校园生活攻略卡，该卡将校园中的主要建筑及其功能、作息时间、生活及交通信息等均体现出来了，通过这样的方式，学生能充分掌握在学校的学习、生活信息。

这三个案例对你有什么启发？如何较快了解校园、融入校园环境、适应校园生活？

为了较快适应新环境，我们要主动了解校园，了解校园周围环境、了解校园中的人，认识新朋友、接受新生活。适应新环境，融入新校园，要从多方面着手。为了较快了解校园、融入校园，制作校园生活攻略卡是一个好方法。

2.1.1 校园生活攻略卡的内容

校园生活攻略卡主要包含校园地理位置、交通、校园布局及功能设置、学习读书、饮食居住、消费娱乐等信息。其中，对于校园内部，要重点掌握教学楼宇、作息时间、教室及实习车间、学习办公机构、体育锻炼、住宿及饮食等信息，还要了解学校的一些制度和要求。

学生们通过自己的观察、咨询，锻炼观察、沟通能力；经过分析、归纳、总结，制作校园生活攻略卡，锻炼分析、归纳能力，同时，也为其他学生提供校园生活信息。

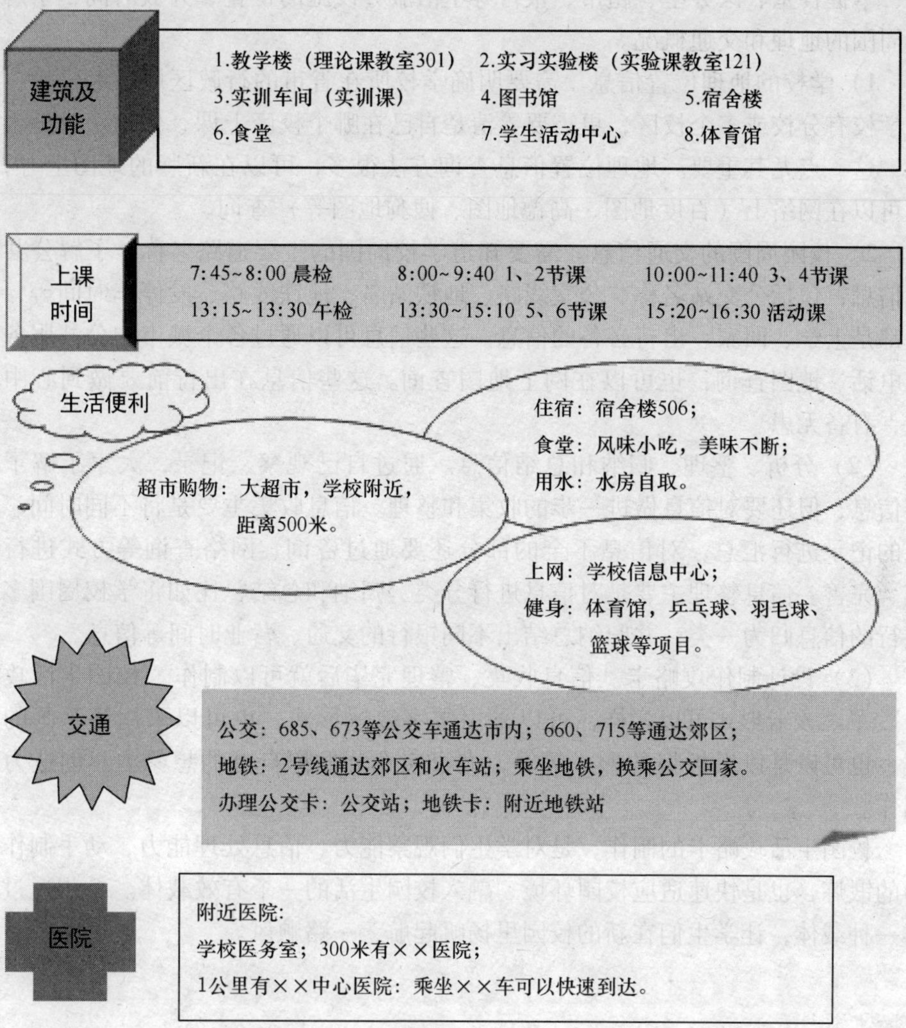

图 2-2　校园生活攻略卡

2.1.2　校园生活攻略卡的制作

制作校园生活攻略卡，首先需要进行观察、记录，收集信息；然后再进行分析、整理，归纳和总结信息；最后设计制作生活攻略卡。

（1）观察、记录和收集信息。学校及学校周围，很多地方有标识和说明，只要留心观察，就能发现信息。在观察过程中，要做好必要的记录，比如学校周围的公交车发车时间及班次、医院、校园楼宇的功能、校园布局等。通过观察和记录，尽快搞清校园内外布局，了解教室、图书馆、实验实训场所等学习场所信息，掌握食堂、医务室、超市、银行等生活服务设施的位置、开放时间，了解学校周围的地理和交通概况。

1）学校的地理位置信息。需要明确学校所在省市的行政区属、编号等。有的学校有分校或多个校区，更需要弄清楚自己在哪个校区上课、住宿。对新生来说，这一点尤其重要。地理位置信息查询方法很多，可以在新版的地图上寻找，也可以在网络上（百度地图、高德地图、搜狗地图等）查询。

2）校园周围的交通信息。需要知道学校周围的主要道路名称；了解公共交通信息，包括公交站名称、公交线路、地铁站名、地铁线路、发停车时间等，这些都是上学、回家、出行必备的信息。这些信息可以通过各个城市的公共服务热线电话、地图查询，也可以在网上地图查询。这些信息在出行前要做到心中有数，有备无患。

（2）分析、整理、归纳和总结信息。通过自己观察、记录，大家了解了很多信息，但还要对信息做进一步的收集和整理。信息收集主要是将不同时间、地点的记录进行汇总，对信息不全的部分还要通过咨询、网络查询等方式进行补充、完善。信息整理主要是对信息进行分类、归纳和总结，比如将学校周围多个银行的信息归为一类，并归纳总结出不同银行的交通、营业时间等信息。

（3）设计制作攻略卡。信息收集、整理完毕后就可以制作“校园生活攻略卡”了。该卡形式可以多样，可以采用文字叙述形式，也可以采用简笔画的形式，也可以是以黑板报的形式等等，大家应充分发挥自己的想象力、创造力来制作。

校园生活攻略卡的制作，是对学生们观察能力、信息处理能力、动手制作能力的锻炼，也是快速适应校园环境、融入校园生活的一个有效载体。希望通过这样一种载体，让学生们在新的校园里扬帆起航，一路顺风。

[行为训练]

行为训练1　制作“校园生活攻略卡”

任务单： 根据自己学校的实际情况，班级内以小组为单位，制作“校园生活攻略卡”。

任务目的： 在教师的指导下，根据小组成员的观察和经验，讨论校园生活攻略。通过制作“校园生活攻略卡”，学生们较快了解校园生活、结交朋友、适应环境。

任务要求：

（1）提前布置，让学生们能在课下时间去了解相关信息。

（2）小组讨论，每个人都要制作一个“校园生活攻略卡”，小组成员要制作不同风格或形式的攻略卡。

准备材料： 铅笔、胶带、A3或A4彩色纸、彩色绘图笔、绘图板等。

活动内容：

（1）分组与讨论。

小组人员：________________________________

小组讨论：在教师的指导下，组织小组成员讨论以下问题。

1）学校的学习场所（教室、图书馆、电子阅览室等）有哪些？

____

____

____

____

2）学校的生活、体育运动场所有哪些？

____

____

____

____

3）学校附近的生活、休闲的场所有哪些？

____

____

____

____

4）学习附近的医院在哪，如何到达？

____

____

____

____

5）学校附近的交通工具有哪些？

____

____

____

____

6）你的好朋友是谁？如果有急事要找你，紧急联系人是谁？

（2）搜集信息。每组把讨论的信息、网络收集的信息记录下来，填入表2-1。

表 2-1　信息记录表

名称		地点	开放时间	到达方式	其他
校园内部	图书馆				
	电子阅览室				
	自习室				
	体育场				
学校周围	到校交通方式				
	车站				
	医院				
	超市				
其他					

（3）制作“校园生活攻略卡”。根据小组内部的实际需要，由组长领取纸、笔、绘图工具等相关物品。小组成员各自开拓思路、发挥想象，制作“校园生活攻略卡”。制作的风格和样式不限，但要积极向上。

（4）展示。在教师的指导下，各个小组选择小组内最好的或者最有特色的作品进行展示。展示中，展示的学生必须描述自己的设计思路、制作方式等内容，介绍校园生活攻略要点。

（5）评价。评价结果记录在表2-2中。

表 2-2　评价表

展示人		小组	
评价项目	组内评价	小组互评	教师评价

（6）感悟。通过参与该行为训练，经过思考，写下自己的体会和感悟。

行为训练 2　校园美景摄影

任务单：班级内以小组为单位，观察校园美景，发现校园中的美，用相机或者手机拍下来，在多媒体教室进行展示。

任务目的：通过观察，发现校园之美，发现美景、美丽的人、美丽的场景，把美丽的瞬间留在镜头里，留在心中。发现美，我们要有一双发现美的眼睛。

任务要求：各组成员都应在组长的组织下积极完成任务。

活动内容：

（1）分组与讨论。

小组人员：

小组讨论：经过自己的观察，讨论学校的美景、美丽的人、美丽的场景有哪些。

（2）校园摄影。将摄影人、选景地点、照片名称、照片描述等内容填写在表 2-3 中。

表 2-3　摄影记录表

摄影人	选景地点	照片名称	照片描述

（3）小组展示。在多媒体教室，在教师的指导下，各个小组选择小组内最好的 2~3 幅照片进行展示。展示中，展示的学生必须描述照片的内容、美丽之处等要点。

照片 1：________________

照片 2：________________

照片 3：________________

(4) 评价。照片评价结果记录在表 2-4 中。

表 2-4 评价记录表

照　片		摄影人	
评价项目	组内评价	小组互评	教师评价

(5) 感悟。参与该行为训练，经过思考，写下自己的体会和感悟。

____

____

____

____

2.2 融入校园

校园文化是学校所具有的特定的精神环境和文化气氛，可以陶冶学生的情操，启迪学生的心智，促进学生全面发展。来到一所新的校园，必须了解校园文化，并用心感受。

2.2.1 校园文化

校园文化包含物质文化和精神文化两个方面。校园物质文化是指校园硬件环境的配备与展示，它包括校园建筑设计、校园景观、绿化美化、室内外环境的营造等物化形态的内容。我们可以到校园里各个建筑观看一遍，看各个建筑的主要功能、环境氛围；听老师讲各个建筑的历史。通过看和听，明白不同建筑的功能，如教学楼、实训楼、办公楼等；明确掌握教学设施、生活设施的位置，例如知道教室、实习课车间、教师办公室、活动室等教学场所的位置，水房、食堂、超市等生活场所位置。观看校园景观、环境，这一方面是生活自立的开始，另一方面也能发现校园中的美，激发热爱校园的情愫。

校园精神文化包括学校的传统、校风、校训、教风、学风、人际关系以及学校的各种规章制度和行为准则。例如，北京大学的校风为“爱国、进步、民主、科学”，学风是“勤奋、严谨、求实、创新”；天津职业技术师范大学的办学理念为“动手动脑，全面发展”，校训是“爱国、敬业、团结、创新”；天津中德应用技术大学校训是“弘志励学，进德修业”；天津劳动保障技师学院校训是“知行合一”等等。不同的学校有不同的传统、校风、校训，而且其中都有丰富的意蕴，需要慢慢了解，细细体会，方能明白。了解学校的校训、学风等精神文化，有助于提高自己的文化素养。

校园文化还包含学校历史。了解学校的历史，有助于自己热爱学校，积极学习。例如：天津市劳动保障技师学院成立于1956年，历经“天津市劳动局第二技术学校”、“天津市劳动局第一半工半读学校”、“天津市长城机床厂”（“小三线”建设）、“天津市劳动和社会保障局高级技术学校”等历史阶段，历史文化积淀丰厚。学生在了解学校历史后，会更热爱自己的学校，向校史上的榜样学习。

了解校园文化，需要掌握方法。方法一，听同学和老师们介绍；方法二，查阅资料，通过网络查询、文献查阅等方式查阅资料；方法三，身临其境，亲身体会。身临其境，慢慢体会，才能深刻认识一个校园的文化，并在体会中明白，在体会中提高自身文化素养。

了解学校，是新入学学生融入新校园的第一步，希望所有新生都能迈好第一步。

你所在的学校校训、校风、学风是什么？

2.2.2 融入新环境

适应和发展是人生的两大任务，对于学生来说，新入学就是一次适应能力的严峻考验和挑战。结束了初中生涯，进入职业院校这个崭新的环境，生活习惯、学习内容、文化环境、人际交往都发生了很大的变化。部分新生远离熟悉的环境和亲朋好友，在新环境中缺乏交往的主动性和勇气，不愿向新同学和新老师敞开心扉、吐露心里话，容易出现心理和行为问题，如产生焦虑、易怒、抑郁等情绪障碍，产生自卑心理，注意力不集中、学习兴趣丧失，甚至出现顶撞老师、违反校规校纪等行为。

融入新环境，要做好以下几个方面：

（1）要做好心理准备。由中学升入职业院校，是学生生活的一大转变，学校、老师、同学、环境等都是陌生的。学生们必须以接受的心态来面对陌生，以主动的方式去接触他人、了解校园、融入校园。

（2）适应不同的学习方式。在职业院校，需要学习很多专业课程和实习课程，教师的教学方式也与中学不同，要求学生要多动脑思考、动手操作。

（3）认识到身体和心理的成长。

（4）多一些沟通，排解抑郁、孤独等问题。

融入新校园，要主动了解校园里的学习、生活等方方面面，为适应新的校园生活打好基础；要主动和老师沟通，多向老师请教，有难题多找老师指导，在老师的帮助下解决问题、战胜难题，决不能把遇到的难题极端化；要主动和同学们交往，向榜样学习；要积极了解自己的专业，在老师的指导下做好职业规划，把握自己的未来。

测一测

人际交往类型

对下列题目做出“是”或者“否”的选择。

	是	否
（1）我碰到熟人时会主动打招呼。	□	□
（2）我常主动写信给友人表示思念。	□	□
（3）我旅行时常与不相识的人闲谈。	□	□
（4）有朋友来访时我内心里感到高兴。	□	□
（5）没有人引见，我很少主动与陌生人谈话。	□	□
（6）我喜欢在群体中发表自己的见解。	□	□
（7）我同情弱者。	□	□
（8）我喜欢给别人出主意。	□	□
（9）我做事总喜欢有人陪伴。	□	□
（10）我很容易被朋友说服。	□	□
（11）我总很注意自己的仪表。	□	□
（12）赴约迟到我会长时间感到不安。	□	□
（13）我很少与异性交往。	□	□
（14）我到朋友家做客从不感到不自在。	□	□
（15）与朋友一起乘公共汽车我不在乎谁买票。	□	□
（16）我给朋友写信时常诉说自己最近的烦恼。	□	□
（17）我常能交上新的知心朋友。	□	□
（18）我喜欢与有独到之处的人交往。	□	□
（19）我觉得随便暴露自己的内心世界是很危险的事情。	□	□
（20）我对发表意见很慎重。	□	□

评分规则：第1~4、6~13、16~18题选“是”得1分，选“否”得0分，其余的题选“是”得0分，选“否”得1分。

得分说明：将1~5题得分相加，得分说明交往主动性水平。得分高说明交往偏于主动型，得分低则交往偏于被动型。将6~10题得分相加，得分说明交往支配性水平。得分高说明交往偏于领袖型，得分低则交往偏于依从型。将11~15题得分相加，得分说明交往规范性水平。得分高意味着交往讲究严谨，得分低则交往较为随便。将16~20题得分相加，得分说明交往开放性程度。得分高说明交往偏于开放型，得分低则交往倾向于闭锁型。如果得分不是偏向最高分和最低分两个极端，而是处于中等水平，则表明交往倾向不明显，属于中间综合型的交往者。

[行为训练]

行为训练1 “传承校训”主题演讲比赛

大多数学校均有校训，校训代表一个学校的文化，代表传承。根据自己对学校历史、文化、发展现状等方面的了解，通过演讲的方式，介绍自己如何认识校园文化，如何解读和传承校训。

该演讲可以采用小组接力演讲的方式进行。

其他小组做好记录，互相学习、互相提高。

校训及内涵：

如何传承校训：

演讲要点：

行为训练2　我是学校代言人

通过教师讲解、学生讨论，了解校园文化。学生把自己当做学校宣传员，以制作海报、板报等方式，宣传学校的校园文化。

做宣传海报，宣传“做美丽校园人”，包括切实做到“三别”（向粗鲁告别、向陋习告别、向坏事告别）、“四带”（把礼仪带进校园、把微笑带给他人、把孝敬带给长辈、把谦让带给社会）、“五无”（地面无痰迹、室内无纸屑、桌凳无刻划、墙壁无脚印、出言无脏话）等等，需要分组进行。

小组成员：________________

海报主题：________________

海报简图：

感悟：通过参与该行为训练，经过思考，写下自己的体会和感悟。

____

____

____

____

2.3　我的校园我做主

校园里有优美的环境、宽敞明亮的教室，还有可敬可爱的老师、亲如兄弟姐妹的同学。每每闲庭信步，呼吸着带有花香的空气，我们就会情不自禁地陶醉其中。美丽的校园，它不仅带给我们心灵的启迪与荡涤、思想的陶冶、气质的熏陶，更让我们以一种平和的态度去面对人生。这里远离了都市的喧闹嘈杂、社会的复杂多变，有的只是心灵的安宁与和谐，这是我们心中的一片净土。相信在这里学习、生活几年，我们的欢声笑语将撒满校园，我们成长的脚步将布满校园的每个角落。歌曲《我的地盘》中唱到“我的地盘听我的”，那么，我们的校园我们也应该自己维系好。维系校园，就是要我们共同努力，建设一个环境优美、积极向上、人际和谐的校园。

[案例故事]

案例 1：中职一年级男生小伟，个子高、长得帅，但是成绩在班内一直是在最后，纪律散漫，易冲动，经常说脏话；时不时地会与别的男生“一较高低”；不讲卫生，自己的座位周围垃圾满地；上学时不穿校服，仪容仪表经常不合格，同学们有时称他“山大王”。

案例 2：孟子小时候，居住的地方离墓地很近，孟子学了些祭拜之类的事，玩起办理丧事的游戏。他的母亲说：“这个地方不适合孩子居住。”于是将家搬到集市旁，孟子学了些做买卖和屠杀的东西。母亲又想：“这个地方还是不适合孩子居住。”又将家搬到学宫旁边，孟子学会了在朝廷上鞠躬行礼及进退的礼节。孟母说：“这才是孩子居住的地方。”于是就在这里定居下来了。这就是孟母三迁的故事。

案例 3：据报道，某市职校注重德育生活化，提倡在学习和生活的细节中提高学生的素养。该校校园 400 余亩，校园的角角落落绿意盎然，然而却没有一名专职绿化工；教学区 24 个厕所，洁净度堪比星级宾馆，校园公共场所，难见一片纸屑，然而却没有一名专职保洁员。究其原因，是学生们在教师的带领下，认领校园各个卫生区，师生通过自己的双手，维护校园环境。通过卫生清理、清整活动，学生们养成了吃苦耐劳、敢于担当、严于律己的好品质，毕业时受到了企业的欢迎。

[析理导航]

以上三个案例从不同方面说明，良好的人文环境对于人的成长和生活是十分重要的。在生活中，环境造就人才，好的环境能影响人的成长。社会环境与一个人，特别是青少年的成长有直接的关系。孟母三迁的故事正是说明了这个问题。孟子后来成为了一个很有学问的人，这与社会和学校环境对他的熏陶影响有很大关系。

美好环境的营造，需要我们共同努力。在案例 1 中，学生小伟的问题，是因为自觉性差，没养成好的习惯。他的这些不良行为不利于良好班级环境的营造。案例 3 中，一个学校的师生一起努力，锻炼了学生的能力，也提升了校园环境，一举两得。

2. 3. 1　爱护自己的校园

鲁迅先生说："要想造就天才，首先必须准备天才生长的土壤。"马克思也说过："人创造环境，同样，环境也创造人。"校园环境对学生教育起着潜移默化的熏陶和启迪的作用。一个布局合理、生机盎然、整洁优美、宁静有序、蓬勃向上、健康和谐的校园环境，对学生的健康成长和发展，必然产生巨大的影响。

学校是我们生活的乐园，这里有师生辛勤的汗水，有画不尽的色彩、写不完的诗篇、唱不完的歌。校园就是我们的家，我们在这里学习、生活、成长。我们每个人都是这个校园里的一名小主人，都有维护校园的义务和责任。

作家说，环境是心灵的港湾；画家说，环境是灵感的源泉；军事家说，环境是制胜的法宝；教育家说，环境是塑造人的摇篮；学生则说，环境是保证学习的必要条件。大家都知道环境对于我们的重要性。谁不想生活在舒适的环境中呢？要想营造良好的校园环境，需要师生共同努力，从每个人做起，从身边小事做起。

爱我们的校园，这里是我们汲取知识的海洋，这里是我们成长的摇篮。和谐的校园要由我们大家来创造，所以我们要遵守校纪校规，不迟到、不早退；尊敬师长，团结同学；上下楼梯，人人靠右，注意谦让；讲究卫生，不乱扔果皮纸屑；爱护公物，不在上面乱写乱画；生活俭朴，不互相攀比，不浪费粮食；爱护校园里的一草一木、一砖一瓦、一桌一椅。

我们的校园有来自不同地方的同学，有友情，有欢乐。校园的每一寸土地，有我们播撒的欢笑；校园的每一缕空气，有我们和谐的馨香；校园的每一棵小草，是我们友谊的见证；校园的每一个角落，有我们成长的足迹。

2. 3. 2　清除陋习，从我做起

美国汽车公司的巨头——福特公司，它的总裁福特大学毕业时，去一家汽车公司应聘。和他一同应聘的三四个人都比他学历高，当前几个人面试之后，他觉得自己没希望了。但既来之，则安之。他敲门走进了董事长办公室，一进门，他发现地上有一张废纸，便弯腰捡了起来，并顺手扔进了纸篓里，然后才走到董事长的办公桌前，说："我是来应聘的福特。"董事长说："很好，很好！福特先生，你已被我们录用了。"福特惊讶地说："董事长，我觉得前几位都比我好，你怎么把我录用了？"董事长说："福特先生，前面三位的确学历比你高，且仪

表堂堂，但是他们眼睛只能‘看见’大事，而看不见小事。你的眼睛看见了小事，你的文明行为给我们留下了深刻的印象。”福特就这样进了这家公司，最后成为了总裁，并且使美国汽车产业在世界占据鳌头。

作为学生的我们应当维持好校园的优美环境，清除陋习需要我们从小事做起，从身边做起。讲文明语言，做文明学生，平时不讲粗话、脏话；遵守校规校纪，不旷课、不迟到早退、不打架斗殴、不随地吐痰、不随地吐口香糖、不乱扔垃圾；仪表整洁大方，在校期间不化浓妆、不佩戴首饰、不穿奇装异服；尊敬师长，见了老师主动问好；团结同学，互帮互助；爱护花草树木、公共设施，不在桌椅上乱涂乱画；不沉迷于网吧，提倡文明上网，科学上网；不看不健康的书籍和录像；生活俭朴，不互相攀比，不浪费粮食；在家尊敬长辈，孝敬父母，体谅父母工作辛苦，生活节俭。

古语说：“勿以善小而不为，勿以恶小而为之。”学校是我们自己的学校，校园是我们自己的校园，校园的美好，需要从我、从小做起。

小知识

正能量吸引力法则

你喜欢目标，方法就越来越多；你喜欢放弃，借口就越来越多。

你喜欢感恩，顺利就越来越多；你喜欢抱怨，烦恼就越来越多。

你喜欢拼搏，成功就越来越多；你喜欢逃避，失败就越来越多。

你喜欢分享，朋友就越来越多；你喜欢独占，孤独就越来越多。

你喜欢阳光，金子就越来越多；你喜欢黑暗，病毒就越来越多。

天天保持阳光、积极、包容的态度，好运的正能量就天天跟着你，这就是正能量吸引力法则。

[行为训练]

行为训练 1　紫手环活动——校园环境我维系

紫手环的使用规则：开始先将紫手环戴在一只手腕上。当发现自己有随地乱扔垃圾、地上有垃圾不及时清理以及浪费的行为，就把紫手环移到另一只手上，重新开始。手环换手情况可记录在表 2-5 中。如果看到其他戴紫手环的人随地扔垃圾以及浪费，你可以指出他们应该把手环换到另一只手上。

坚持下去。这可能要花好几个月，你才能实现连续 21 天不换手。还有，放轻松一点。这里所说的，只是“做”出来的乱扔垃圾、不及时清理校园垃圾和浪费行为。如果是你已经做出来的行为就算，要重新来过；但如果只是想象的，那就无需换手。

不过你会发现，就连浪费的想法，也会在这样的过程中消失殆尽。当你发现自己在乱扔垃圾以及浪费的时候，就移动紫手环。一定要移动，没有一次可以例外。因为只有这样才能让这个动作在意识里留下深深的痕迹，让你察觉到自己的行为。

表 2-5　紫手环活动记录表

周　次	换手环次数	记　录
第一周		
第二周		
第三周		
第四周		

行为训练 2　我为班级添光彩

任务单：班级以小组为单位，布置班级教室，包括宣传栏、卫生角、荣誉栏、图书角等等，根据本班特色布置。

任务目的：为了营造良好的教学文化氛围，增强班级凝聚力，给大家创造一个自由发挥的空间，全班同学齐心协力共同动手装饰自己的教室，一起创造美好的学习空间，发挥“团结友爱、互帮互助”的精神，充分展示当代中职生的风采。

任务要求：在班委会的带领下，各小组领取任务，小组长带领组内成员，在一周之内完成班级布置任务。

活动内容：

(1) 我为班级出谋略。

小组人员：________________________

小组讨论：本小组讨论本班教室需要哪些布置？想要表现哪些班级文化？

____

____

____

____

（2）我为班级做布置。本小组需要布置__________区域。布置设计填入表2-6中。

表 2-6 班级布置设计

设计内容	想要表现的班级文化

（3）我为班级做卫士。在前一周全班学生共同努力，布置好班级教室后，为了营造良好的班级卫生环境，以及培养学生的自觉性，以班级为单位，进行为期一周的“我们都是值日生的活动”。

活动要求是，一周时间，班级不安排学生做值日，只安排一人作为检查人员。每位学生都是自己区域的值日生，注意保持清洁。制订详细的检查方案，由执勤人员认真执行，检查结果填入表2-7。

班级卫生标准

____

____

____

____

表 2-7 检查表

时间： 检查人员：	检查结果：

（4）我为班级做宣传。以小组为单位，做班级宣传手抄报，突出班级特色、班级文化，将最终作品展览。

（5）感悟。通过参与该行为训练，经过思考，写下自己的体会和感悟。

3 职业教育，美丽的追求

逝者如斯，三年的初中生活就这样悄悄地过去了。反思起来，想必你会有诸多的感慨。昔日的同窗伙伴们，有的走进高中的校园，有的进入了中职学校，还有的从此结束学业“闯江湖”了。中考后是人生的第一次选择，选择就是在寻找新的人生机遇，以便更好地发展自我。未来，能飞得多高、能走得多远，关键在于自己能否正确认识机会、珍惜机会、把握机会！

3.1 心中的职业教育

长期以来，“学而优则仕”的传统观念，“考高中、上大学”的从众心理，“唯分数论成败”的价值评价，“当白领、坐办公室”的职业追求，一直影响着人们对于职业教育的认识，影响着走进职校大门的学子们的心态。已经行走在中职的校园中，你心中是否还在咚咚地敲着小鼓：“中职学校到底是什么样的？上中职能给我的未来插上飞翔的翅膀吗？”

[案例故事]

学生小王，初中时成绩不错，但是在中考中发挥失常，导致没有被高中录取，不得已选择了中专。入学后，她一直沉浸在中考失利的情绪中，悲观失望，郁郁寡欢，总觉得自己的人生已经彻底失败了，总觉得自己比起那些上了高中的同学低一等。她每天无精打采，不愿意和别人交流，总是独来独往，对于学习更是丧失了以往的兴趣，对于班里和学校组织的各项活动退避三舍，从来不积极参与，成为了一个性格孤僻的另类。

[析理导航]

学生小王产生的问题，是由于她没有正确理解职业教育，没有充分认识职业教育的优势，更没有从自身实际出发，客观地对自己的职业生涯进行合理规划。只有充分了解职业教育的内涵，认识职业教育的优势，结合自身的实际，重新树立人生奋斗的目标，才能让她从低迷中醒悟，从而使生命之花重新怒放。

3.1.1 认识职业教育

职业教育又称为职业技术教育，是为适应经济社会发展需要和满足个人就业的要求，对受过一定教育的人进行职业素养特别是职业能力的培养和训练，为其提供从事某种职业所必需的实践经验的一种教育。职业教育是与普通教育并行的教育形式，是国家教育事业的重要组成部分。职业教育是沟通教育与职业的必要桥梁，是为某一职业领域培养人才的教育。职业教育主要为经济社会发展培养技术技能人才，是实现职业理想和发展个性的一条重要渠道，不是“低端工作岗位”的教育。

职业教育包括职业学校教育和职业培训。

职业学校教育是以劳动后备力量（初中后或者高中后学生）为对象而开展的学历教育。它不仅注重知识与技能的训练，而且还强调学生综合职业素养的培养，关注学生未来的发展。

职业培训主要是以劳动者（工人、农民以及其他从业者）为对象而开展的非学历性教育，特别关注特定岗位的技能培养与训练，解决一技之长的问题，包括岗前培训、在岗培训、转岗培训、下岗职工的再就业培训、失地农民的就业培训等。

3.1.2 我国职业院校的设置

按照学历层次来讲，职业院校教育有初等、中等、高等职业教育的区分。初等职业教育主要包括义务教育阶段实施的各类短期职业技术培训；中等职业教育主要包括中专、技校、职业高中等；高等职业教育包括各类职业技术学院、职业大学、应用技术大学、职业技术师范学院等。

按照行政隶属来划分，职业院校有由教育行政部门举办或主管的职业院校，如以培养专业技术人员为主的中等专业学校（中专、职专、职高）、高等职业技术学院等；有由劳动行政部门举办或主管的职业院校，如以培养和训练技能劳动者为主的技工学校（技校、高级技校、技师学院）。但随着社会变迁和用人需求状况的变化，二者的培养方式与目标基本趋同，仅是管理部门有差异。

随着经济社会和职业教育的发展，职业教育的办学层次、办学质量在不断提高。

3.1.3 认识职业院校

来到职业院校，大家感受最明显的地方，就是职业院校不仅有宽敞明亮的教室、绿草如茵的足球场，而且还有那高大的实习车间以及里面那些摆列整齐、功能齐全的实习实训设备（见图3-1、图3-2）。有的时候很难分清自己走进的是校园还是工厂。校园里的学生们，少了一份少年的稚嫩，多了一份成熟和稳重。他们时而身着整齐的运动服在操场奔跑，时而穿着帅气的工装在车间前列队；教室里传来他们的朗朗书声，车间外能听到那机床的轰鸣。

图3-1　学生在进行会计实训

图3-2　学生在进行数控技能实训

职业院校的教学组织不再像初中那样按照年级或者年级组进行横向划分，而是先按照专业来进行纵向的划分，然后才是体现年级的差别。职业院校的专业内容丰富多彩、包罗万象，社会上常见的行业在职业院校中都有所体现，比如说数控技术应用、机电设备安装与维修、汽车制造与维修、铁道运输与管理、物流、财务会计、烹饪、美容美发、服装设计、计算机应用与维修等等。不同类型的职业院校会有不同的专业设置，每年向社会培养和输送大量的技术技能人才。

职业院校的课程设置和教学内容围绕职业岗位需求设置，主要是劳动生产知识和技能，以及职业岗位需要的其他职业素养的培养，比如制图、电力拖动、会计基础、数控机床的操作与维修、职业道德规范等。但需要注意的是，并不是说上了职业院校就不需要再学习文化基础知识了。许多学生误以为到职业院校学的是专业知识和技术，不用再学习语文、数学、英语等课程，甚至有些学生就是为了逃避学习那些内容才选择到中职院校的，这是非常错误的认识。职业教育要培养的是学生的综合职业能力，而不是单纯的职业技能训练，必要的文化基础知识的学习是必不可少的。通常，学习技术要用到相关的基础知识，比如会计、计算机编程要用到一些数学知识，数控技术、电器维修等会用到些专业英语，文秘、营销等要用到写作知识等。尤其是现在，国家为职校生搭建了个人发展的各种通道，五年一贯制、三二分段、春季高考等各种模式，可以使有志于继续学习的学生升入高等职业学院深造。而升学考试中，文化基础课是核心课程。所以选择到职业院校求学，一定不能忽略基础文化知识的学习，大家一定要端正思想，既要学习专业知识、专业技能，又要认真学习文化基础知识。

[行为训练]

行为训练 1　对比职业院校毕业生与普通高校毕业生的异同

任务单：班级以小组为单位，通过搜集身边的实例、上网搜索相关素材案例、采访优秀毕业生等形式，发现并展示职业院校毕业生与普通高校毕业生职业生涯的异同。

任务目的：通过各种形式来发现并展示职业院校毕业生与普通高校毕业生职业生涯的异同，帮助每一个职教生树立自信。

任务要求：各组成员都应在组长的组织下积极完成任务。

活动内容：

（1）搜集材料展示。分组按照如下任务进行展示。

身边实例：____________________

其他案例：____________________

（2）小组讨论。通过材料展示，各组进行讨论，得出本组的结论。

____

____

____

____

（3）教师评价。教师从材料搜集的质量、各组发言的水平等方面对各组进行评价。

____

____

____

____

（4）最终结论。教师结合各组学生的材料和讨论情况，得出最终结论。

（5）感悟。通过参与该行为训练，经过思考，写下自己的体会和感悟。

行为训练 2 对比农民工与中职毕业生的就业差别

任务单：班级以小组为单位，通过上网搜索相关素材案例，对比农民工与中职毕业生就业的差别。

任务目的：通过各种形式来对比农民工与中职毕业生的就业差别，帮助每一位职教生正确认识职业教育的重要意义。

任务要求：各组成员都应在组长的组织下积极完成任务。

活动内容：

（1）搜集材料展示。分组按照如下任务进行展示。

农民工就业的障碍：

农民工的福利待遇：

农民工的社会地位：

（2）小组讨论。通过材料展示，各组进行讨论，得出中职生就业相对于农民工差异。

（3）教师评价。教师从材料搜集的质量、各组发言的水平等方面对各组进行评价。

（4）最终结论。教师结合各组学生的材料和讨论情况，得出最终结论。

(5) 感悟。通过参与该行为训练，经过思考，写下自己的体会和感悟。

行为训练3　对比中职毕业生与高职毕业生的就业差别

任务单：班级以小组为单位，通过采访往届毕业生以及上网搜索相关素材案例，对比中职毕业生与高职毕业生的就业差别。

任务目的：通过各种形式来对比中职毕业生与高职毕业生的就业差别，帮助每一位职教生正确认识职业教育各层次的重要意义。

任务要求：各组成员都应在组长的组织下积极完成任务。

活动内容：

(1) 搜集材料展示。分组按照如下任务进行展示。

中职毕业生就业的障碍：

中职毕业生的福利待遇：

中职毕业生的社会地位：

(2) 小组讨论。通过材料展示，各组进行讨论，得出高职生就业相对于中职毕业生的差异。

(3) 教师评价。教师从材料搜集的质量、各组发言的水平等方面对各组进行评价。

(4) 最终结论。教师结合各组学生的材料和讨论情况，得出最终结论。

（5）感悟。通过参与该行为训练，经过思考，写下自己的体会和感悟。

知识链接

职业教育新政策

《人力资源社会保障部关于推进技工院校改革创新的若干意见》（人社部发〔2014〕96号）对技工院校的办学定位是“技工院校是国民教育体系和人力资源开发的重要组成部分”。“技师学院主要承担通过学制教育培养高级工以上技能人才任务，属职业教育高层次技能人才培养范畴。高级技工学校主要承担中级工、高级工培养任务，普通技工学校主要承担中级工培养任务，属中等职业教育。技工院校是构建劳动者终身职业培训体系的重要载体，是培养技能人才的重要平台，是承担技工教育、职业培训、技能鉴定、竞赛集训、公共实训、就业服务等工作的综合性技工教育培训基地”。

《天津市人民政府关于加快发展现代职业教育的意见》（津政发〔2016〕3号）提出“根据高等职业院校设置制度规定，将符合条件的技师学院纳入高等职业院校序列”。

《国务院关于印发国家教育事业发展“十三五”规划的通知》（国发〔2017〕4号）提出“加快建成一批为地方经济和社会发展服务的高水平应用型高等学校和高等职业学校。根据高等学校设置制度规定，将符合条件的技师学院纳入高等学校序列。”

3.2　充满希望的选择

刚刚迈进中等职业院校大门的你，梦想过未来吗？虽然只有十五六岁，但你也经历过许多成功与失败。回首往事，品味走过的岁月，那些成功与失败已成为过去，一切从今天开始。人的一生，树立积极向上的理想是如此重要，只有在理想之灯的引领下，我们的人生之路才会多一分平坦，少一些坎坷。

[案例故事]

新生张强自来到中专上学后，一直表现欠佳，上课很少专心听讲，不是睡觉就是玩手机，要不就是和身边的同学说话甚至于打逗，课下作业更是不认真完成，对于每次的测验和考试也是相当不重视，总之，每天的学习基本上就是在应付，出工不出力，让班主任和任课教师很是头疼。更为严重的是，在班里面，像张强这样的学生不是少数，相当一部分学生都表现出了严重的厌学情绪。之所以这样，是因为这些学生对于未来没有规划，觉得上了中专了，也就那么回事，没有一个积极向上的人生理想作为前进的动力。

[析理导航]

有理想才会有追求，有追求才会有动力。有些学生由于没有理想和追求，所以就没有明确的学习目标。这样的学生上课不认真听讲，课后懒于做作业，不主动寻找适合自己的学习策略、方法。若问起现在的学习目标是什么，他们常常会一时答不上来，或者说没有想过，或者说是“家长让我学我就学”、“老师让我干什么我就干什么”、“别人都学习，我也学习”，从没有一个明确具体的目标，从而导致学习状态的不稳定性。那么如何树立中职学生的远大理想呢？

3.2.1　搭建职业教育立交桥

2016年，李克强总理在《政府工作报告》中将原来倡导的“大力发展现代职业教育”进一步明确表述为“加快健全现代职业教育体系”。这不是简单的发展规模或者层次的问题，而是将职业教育真正提升到与普通教育同等重要的位置，赋予了职业教育与普通教育同等的机会与希望，也为就读于职业学校的学子们构架起立体式的发展通道。

为加快发展现代职业教育，天津市大力拓展完善人才多样化成长渠道。在《天津市人民政府关于加快发展现代职业教育的意见》（津政发〔2016〕3号）中提出，要“建立和完善从中职、高职、应用型本科到专业学位研究生教育的技术技能人才系统化培养体系，促进中等、高等、本科层次职业教育和应用型本科、硕士、博士之间的纵向衔接，普通教育与职业教育间的横向沟通，以及终身教育的便捷通畅。提高高等职业院校招收中等职业学校毕业生和本科高等学校招收职业院校毕业生的比例，使职业学校与普通学校毕业生拥有同等升学机会，构建学生多样化选择、多路径成才的‘立交桥’”。

技工院校培养的学生，根据学制和技能水平不同，分为初级工、中级工、高级工、预备技师。根据2016年12月9日人社部印发的《技工教育“十三五”规划》，技工院校中级工班、高级工班、预备技师班毕业生分别按相当于中专、大专、本科学历落实相关待遇。

3.2.2 职业教育是以就业为导向的教育

在未来的发展中，国家将大力“推进职业教育与普通教育相互融通，将职业院校建设成为职业素养、职业技术、职业技能的学习和体验中心”。职业院校培养的是高素质的应用型技术技能人才。学校不仅要传授学生文化基础知识，而且还要训练学生的职业技能，更要注重培养学生的职业素养。可以说，接受职业教育是学生进入社会、走上工作岗位的前一站。毕业生将来在社会上立足、胜任本职工作，职业教育起着至关重要的作用。

职业院校讲究专业与职业的对接、课程与岗位的对接，通过“教、学、做”一体化教学，使学生掌握理论与技能。学历证书与职业技能等级证书的“双证书”是职业学校毕业生的最大优势。学生在职业院校期间可以考取相关的职业资格证书，这是“就业的通行证”。虽然我们没有选择高中，未能进入高等学府，但我们会有普通大学生所不具备的职业选择条件。现今社会经济的发展需要大量高技术、高水平的人才，某些经济发达地区高技能人才非常短缺，再高的薪酬也很难聘到技术精湛的高端技能人才。这是职业院校的学生面临的一个好机会，大家一定要好好把握。

3.2.3 树立就读职业学校的信心

职业教育与普通教育应该说没有高低贵贱之分，只有适合与否的差别。高端的产品，不仅需要高深的理论、创新的设计，而且更需要大批的熟练技术工人。特别是在我国经济快速发展的过程中，伴随着“中国制造2025”战略的实施，要“实现中国制造向中国创造转变，中国速度向中国质量转变，中国产品向中国品牌转变”，社会对技术技能人才的需求将更加强烈，就读职业教育的优势会越来越凸显。

（1）国家与地方政府大力支持。

1）国家免学费政策：从2012年秋季学期开始起，对公办中职学校全日制正式学籍一、二、三年级在校生中所有农村（含县镇）学生、城市涉农专业学生和家庭经济困难学生免除学费（艺术类相关表演专业学生除外）。

2）国家助学金制度：从2013年秋季学期起，国家助学金资助对象为公办全日制中职学校正式学籍一、二年级涉农专业学生和非涉农专业家庭经济困难学生。根据《中国农村扶贫开发纲要（2011—2020）》精神，六盘山区等11个连片特困地区和西藏、四省藏区、新疆南疆三地州中职学校农村学生（不含县城）全部纳入享受助学金范围。国家助学金标准为每生每年1500元。2015年2月25日国务院常务会议决定，为加大对经济困难家庭的助学力度，加快技能型人才培养，从2015年春季学期起，将中职学校国家助学金标准调整为每生每年2000元。

3）地方政府助学金制度：为促进职业教育发展，各地方政府都有一定的助学政策规定。天津市的中职教育市政府助学金，从2013年秋季学期起，享受对象为全日制正式学籍一、二年级未享受免学费政策且未获得国家助学金的学生。资助标准为每生每年500元。

（2）有助于学习成绩的提高，提升自信。职业院校的教学内容是按照职业岗位需求设置的，需要一定的数学、语文、外语等文化课教学内容，但一般以够用为原则，不会让学生产生望而止步的胆怯心理。而专业课、技能训练等教学内容对于所有学生来说都是新内容，大家站在同一条起跑线上，会给每一个人新的发展机会。再者，技能训练需要的是动手操作能力，相对于以往单纯的课堂学习来说，会激发学生一定的学习兴趣。因此，每一名学生都会有新的开始，会有新的提升机会，只要你肯付出！

（3）个性化的成才发展途径。上高中、考大学，被称为“独木桥”，人才培养千篇一律，多受诟病。而中职办学则体现一定的个性化需求，在一定程度上能够满足学生个性化发展的需要。如果想尽快就业，那么可以选择三年制的专业就读，两年在校学习后就可以参加顶岗实习，待毕业后通过双向选择实现顺利就业；如果想在中职毕业后继续深造，那么可以选择中高职对接的春考班、三二分段或者五年一贯制等特殊的办学形式，实现自己的大学梦。或者最初自己并没有明确的方向，那么在毕业年份甚至毕业后还可以通过春季高考来参加高等院校的入学竞争。再加之职业教育立交桥的搭建，优秀的职校毕业生既可以得到大学本科甚至硕士研究生的学历学位，又可以得到高级工、技师甚至高级技师的技能等级证书。可以说，选择职业教育，就等于换个活法儿，真可谓海阔天空！

（4）技术精湛的工人，也是人才。在生产、运输和服务等领域岗位一线，熟练掌握专业知识和技术，具备精湛的操作技能，并在工作实践中能够解决关键技术和工艺难题的人员，表现为高级工、技师、高级技师等人员，属于高技能人才，是我国人才队伍的重要组成部分。在天津市2016年的积分落户政策中，本科及以上学历40分、专科学历30分，高级职称50分、中级职称40分，高级技师50分、技师40分、高级工30分。高级技师可以与高级工程师、教授并肩而论，足可见技能型人才备受重视。

（5）职教毕业生的高就业率。近几年，我国就业形势严峻。但是中职学校毕业生的就业率一直遥遥领先。2014年全国中职（普通中专、职业高中、成人中专、技工学校）毕业生就业率 96.68%（教育部网站 2015-03-03），2015 年达到 96.3%（新华社 2016-02-26）。从大学生的就业率来看，职业教育仍然强于普通高校。从学历层次上看，毕业生毕业时的落实率专科生 87.4%、硕士生 84.5%、本科生 81.5%；从学校类型上看，高职大专院校的落实率 89.4%、“211”（含 985）重点大学 86.5%、普通本科院校 77.7%。就业形势告诉我们，职业教育是就业教育，是以就业和职业发展为导向的教育，走职业教育这条路，前景看好。

目前，大部分家长对孩子期望值过高，不看孩子的学业实际，人云亦云，一味想着上重点高中，上名牌大学，最后只能是孩子扮演失败者、淘汰者的角色，造成孩子失败终身。而职业教育由学生选择自己喜欢的专业，突出技术技能，符合学生成长规律和社会的需求，使每位学生都能成为专业、事业的成功者，为学生找到一条幸福的人生之路。

名人故事

掌握自己命运的摩尔顿

原美国财政部长摩尔顿出身贫困家庭，但她一直坚持自己的理想，并付诸多年努力，成为了美国财政部长。她在某大学演讲时，直言不讳地讲自己的身世：“我的生母是聋子，因此没有办法说话。我不知道自己的父亲是谁，也不知道他是否还在人间。我这辈子找到的第一份工作，就是到棉花田去做事。”台下的听众全都呆住了。“如果情况不尽如人意，我们总可以想办法加以改变。”她继续说，“一个人的未来怎么样，不是因为运气，不是因为环境，也不是因为生下来的状况。”

她一直坚信：即使情况不尽如人意，我们总可以想办法加以改变。只要坚定理想，然后全身心投入，采取行动，目标会实现。

她成功了。

想一想：你抱怨也罢，憎恨也罢，在你读了摩尔顿的故事之后，就把抱怨和憎恨抛之脑后，接下来就像摩尔顿那样“全身心投入、采取行动”，朝理想目标奋勇前进吧！你是这样认为的吗？

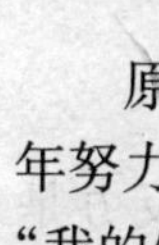

[行为训练]

行为训练 1　召开“我的理想”主题班会

任务准备：学生结合班会主题准备歌曲，并排练小品、三句半；搜集关于理想的名言警句，制作幻灯片。

任务目的：通过各种形式来表现学生们的美好理想，使大家懂得树立理想的重要性。同时联系实际，让学生看到自身的不足，明白为实现理想应不怕吃苦、努力奋斗拼搏的道理。培养学生在公众面前表达自我的能力。

任务流程：播放音乐：《放飞梦想》→诗歌朗诵：《理想》→畅谈梦想→三句半表演：《谈理想，论未来》→小品表演：《诱惑》→讨论：如何面对理想过程中遇到的挫折→说格言→播放歌曲：《真心英雄》→集体宣誓：我为成功而诞生→班主任总结

班主任小结：

____

____

____

____

行为训练2　如何将理想与自己的职业生涯规划结合

训练形式：组织辩论赛。

辩论题目：正方是“中职生的人生理想应该结合职业生涯规划”，反方是“中职生的人生理想不必结合职业生涯规划”。

辩论赛前期准备：

（1）比赛抽签。

（2）宣传告知。

组织进行辩论赛：在比赛的过程中需要注意如下问题：

（1）辩论的题目、辩论的程序、发言的时间等，都是由辩论赛的组织者决定，参赛者必须按规定进行辩论，不能随意改变。

（2）比赛胜负标准包括立论、材料、辞令、风度以及应变技巧等综合因素，胜负由评委根据标准及主观印象进行裁定。

（3）辩论时只能针对对方的观点和理由进行攻击，不能涉及对方的立场和人品。

知识链接

辩论赛组织流程

（1）前期活动阶段。为确保辩论赛顺利展开，提前做好辩论赛的宣传、动

员、报名名单整理、辩题搜集、评委嘉宾邀请等基础工作。

1）充分发挥学生会的作用，利用海报为主要宣传形式，在整个学校展开宣传工作。由学生会成员及时联系到各班，动员各班学生参加，并把报名汇总名单上交。

2）辩题搜集。辩题的搜集要紧紧围绕辩论主题，要让每个人都有话可说，有理可循，另外可同时搜集一些比较新颖的辩题。

3）为提升学生的学习积极性，评委嘉宾可以特别邀请学校教师作为大赛评委。

（2）赛前准备阶段。

1）比赛抽签，确定比赛正式开始时间。

2）以海报、通知、口头传达等形式将比赛时间、场地告知大家。

（3）赛程安排。根据学院各班级的课程时间安排比赛。

（4）活动预算。预算活动中的经费。

（5）工作分配。对参加辩论赛活动的人员进行明确分工。

（6）奖项设置。设置奖项，一般设置“最佳辩手奖”和“最佳团队奖”。

3.3　走好中职求学之路

走进中职大门的莘莘学子，逐渐认识到了职业教育同样可以使自己成才，重新树立了人生的理想，并将自己的人生理想与职业生涯规划紧密结合起来。然而，理想的实现、职业生涯规划的落实，都需要脚踏实地，从眼前做起。要充分利用现有的条件和资源，打下坚实的基础，不断完善自己，为以后的成功迈出扎实的第一步。

[案例故事]

李红到中专就读后，经历了一系列的心路历程，中考失利的失望、未能实现自己高中梦的痛苦、看不到自己未来希望的迷茫，这些都一度让她萎靡不振。后来，在老师的帮助下，也通过自己的不断努力，她认识到了职业教育同样可以让她成才，可以让她拥有另一片蔚蓝的天空。重新树立了信心之后，她为自己再次规划了人生，并暗下决心，要在本专业上学有所成，将来成为一名具有较高的综合素质和精湛技能的蓝领，从而实现自己的人生价值。然而接下来她又遇到了各种问题。为了实现自己的理想，她应该如何去做？中职的学习毕竟不同于初中，纯粹的升学教育和以就业为主的职业教育存在着诸多不同，她究竟应该如何去学习、去发展自己呢？

[析理导航]

职业教育与普通教育虽然同属于国民教育系列，但是却有着诸多的不同，教学目的、教学内容、培养目标以及评价方式等很多方面都有区别。作为一名中职生，尤其是新生，刚刚走出中学的大门，很多学习上的经验还是停留在中学时代，这必将不利于他们学习的提高、个人的发展。所以，中职生必须要真正理解职业教育的内涵，使自己的学习和发展能够适应职业教育的特点，知道自己应该学什么、怎样学，知道如何处理做人和做事之间的关系，知道成人和成才之间的必然联系；尤其是要理解企业的用人标准是自己学习知识、掌握技能的一个重要依据，从而使自己在整个求学期间有一个清晰明确的导向。

3.3.1 做一名优秀的中职生

要想做一名出色的中职生，就必须学会做人、学会求知、学会生活。一个人生活在世界上，不可能脱离人群而独自生活下去。就像一滴水珠，如果仅有一滴的话，那么它很快就会干涸，而把它放入大海，它就不会消失。

学会做人，就必须学会处理人与人之间的关系。不会做人，就不会做事。学会做人是一个人的立身之本，是成就事业的基础。那么，应该怎样做人呢？首先要有“五湖四海”的精神，要团结所有的同学，不分地区、不搞帮派；其次，要有宽广的胸怀，能够包容他人，谅解他人；第三，要有自控能力，在冲突即将发生的时候，能忍耐一时，冷静地处理；第四，要讲文明讲礼貌，避免粗俗的语言和不文明的举止。谈到做人，就不能不弄清楚，究竟应该做一个怎样的人？应该做一个有政治觉悟的人，一个热爱党、热爱祖国的人；应做一个有道德、有良知、有正义感的人；应做一个文明有礼、遵纪守法的人；应做一个诚实守信、言行一致的人；应做一个乐于帮助他人和热心社会公益事业的人。

学会求知，就是要热爱学习，懂得学习的重要性，掌握学习的方法。“落后就要挨打”，谁没有知识谁就会被社会淘汰。但是，现在就有一些中专生在校浪费时间、浪费青春、得过且过，令人痛心！职业教育前景广阔，能否抓住发展机遇，关键在于学生自己。技能是训练和重复的结果，习惯是养成的产物。践行“知行合一”，把学习和实践行动结合起来，做德技双馨的优秀人才。向优秀的同学学习，为自己定下人生的目标，学习文化知识、专业理论，掌握好一门技术，练出一手“绝活”，为今后工作积累看家本领。

学会生活，就是要具有独立生活的能力，要有战胜各种困难的勇气。读中专首先就是要学会独立。自己洗衣服，自己安排好自己的生活时间。你不去打饭，就没饭吃；你不去打热水，就没有热水洗脚。遇到挫折不可能再像以前一样可以依靠父母了，只能自己面对，这就是独立。我们要学会独立，要树立信心，培养独立生活的能力，包括自理能力、自控能力、协调能力；要有健康的心理、健康的身体、健康的生活方式、健康的生活习惯；要热爱生活，要努力成为生活的强者。

只要我们学会做人、学会求知、学会生活，我们的前途就一片光明。让我们大胆地把握机会锻炼自己，好好地做人，好好地求知，好好地生活。我坚信，我们的人生将会变得丰富多彩，绚丽多姿。

3.3.2 合格职校生的标准

企业首先关注的是毕业生的职业素养，要具备较高的思想品德，规范的行为习惯，能吃苦耐劳，有较强的组织观念和服从意识。还有就是毕业生的态度、责任意识，企业往往会把工作态度看得比专业知识更重要。他们认为一个人的知识技能可以通过培训提高，但工作态度很大程度是受个人在校期间的生活习惯性格影响的，一旦养成，很难改变。

日本京都陶瓷公司发起人稻盛和夫在招聘新职员的过程中，要求公司领导层都要坦率明了地向每一位报考者阐述公司的选才态度和原则：录取新职员的标准不是看他的能力如何，因为本事再大，若不合群，反而会起反作用；一名合格的职员，应该有对贫苦人们的同情心，对他人的痛楚辛酸关怀备至，有能力克制私欲，是一个坦率的人、老实的人；公司从不聘用有才华而无良知的人。

企业要求职工不仅简单地做到优质高产，更要在此基础上，塑造和发扬职业道德。每个企业都有自己的员工职业道德标准，都在公司员工道德标准中明确提出员工要爱岗敬业、吃苦耐劳、遵纪守法等最基本的职业道德标准。职业道德的维护和遵守与行业生产是密切相关的，它对行业内职工的素质要求很高。在很多情况下，它不仅要求职工遵守和维护好道德，更要求在此基础上，遵守和维护好本行业的职业道德。在这种高要求下，如果某些职工的素质跟不上，势必会出现违反职业道德的现象。这就是说，职业道德在某些人身上或是在行业生产的某些方面失落了。

我们可以看一看世界著名企业对员工的要求：

（1）华为。华为对于优秀管理者的选用标准是具有敬业精神；具有献身精神，不能斤斤计较；具有责任心和使命感，这将决定着管理者是否能够完全接受企业的文化，担负起企业发展的重担。

（2）西门子：企业家类型的人物。百年老店西门子被誉为“企业家的摇篮”。事实上，西门子寻找的正是“企业家类型的人物”，他们对未来的“企业家们”的基本要求是：良好的考试成绩、丰富的语言知识、广泛的兴趣、强烈的好奇心、有改进工作的愿望以及在紧急情况下的冷静沉着和顽强。

（3）壳牌：CAR 潜质。壳牌招聘人才主要是着眼于未来的需要，所以十分看重人的发展潜质。壳牌把发展潜质定义为“CAR”，即分析力（Capacity）：能够迅速分析数据，在信息不完整和不清晰的情况下能确定主要议题，分析外部环境的约束，分析潜在影响和联系，在复杂的环境中和局势不明的情况下能提出创造性的解决方案；成就力（Achievement）：给自己和他人有挑战性的目标，出成果，百折不挠，能够权衡轻重缓急和不断变化的要求，有勇气处理不熟悉的问题；关系力（Relation）：尊重不同背景的人提出的意见并主动寻求这种意见，表现诚实和正直，有能力感染和激励他人，坦率、直接和清晰地沟通，建立富有成效的工作关系。

（4）微软：雇佣有潜质的人。盖茨说，在我的公司里，我愿意雇佣有潜质的人，而不是那些有经验的人。因为从长远来看，潜质更有价值。如果雇员以加薪或是提升作为条件威胁要辞职，那么即使会造成短期的麻烦局面，我也让他们走，因为不受眼前因素左右的雇佣政策将有利于公司长远的发展。

（5）宝洁：八项基本原则。宝洁公司对人才重要性是这样理解的：如果你把我们的资金、厂房及品牌留下，把所有的人带走，我们的公司会垮掉；相反，如果你拿走我们的资金、厂房及品牌，留下我们的人，10 年内我们将重建一切。宝洁公司对人才素质的要求归结为八个方面：领导能力、诚实正直、能力发展、承担风险、积极创新、解决问题、团结合作、专业技能。需要指出的是“这八个方面是并列的，没有顺序先后”，“诚实正直”和“专业技能”一样重要。

不难看出，几乎所有企业都希望聘用既有高尚的道德情操，又有精湛技能的高素质人才。而且，多数企业都是把道德水准放在第一位的。如何培养出企业满意的高素质人才，已经是摆在每一位职业教育者面前的一个亟待解决的问题。

3.3.3 确定学习规划

中职生必须在升入职业学校的开始阶段就非常明确地确定自己未来发展的方向，并按照这个方向来选择自己需要学习的知识、掌握的技能、培养的能力，具体而言，应该按如下步骤来规划自己的学习之路。

（1）根据自身情况，尊重父母意见，结合家庭条件，明确自己的发展方向。

1）自身情况包括文化课基础、理论学习的兴趣和能力、动手能力、性格特征、脾气秉性等。

2）父母作为自己的监护人，是这个世界上给予我们生命、培养我们成长、对我们最无私和最亲近的人；同时，作为成年人，他们有着丰富的人生经历和社会阅历，所以父母的意见是最中肯、最客观也是最有利于我们的前途和发展的。

3）家庭条件包括经济收入、父母年龄以及健康情况、家乡的经济水平、工业发展状况以及就业形势等。

4）中职生的发展方向包括：普通中职（中专、技校、职业高中等）、三二分段、五年一贯制、春考班等，如图 3-3~图 3-5 所示。

图 3-3　就读职校，练就技能

图 3-4　就读职校，还能晋升

图 3-5　三二分段学生参加升学考试

（2）明确自己发展方向之后，制订学习计划。

1）普通中职。了解本专业的情况，包括专业概念、涉及核心课程、相关的技能、所用的设备及场地、就业的具体岗位、适合的企业名称等；列出自己两年内所需要学习的课程、所需要掌握的技能、所需要考取的技能等级证书等；查找、了解本专业核心专业课的学习技巧、核心技能的掌握途径和方法；查找、列举本专业所需要的常用设备名称及型号；根据上述内容，制订本人的两年学习计划。

2）三二分段。了解三二分段办学层次的性质，包括含义、学制、升学考试内容、录取办法；了解对口高职院校情况包括地理位置、硬件环境、校园文化、就业前景等；列出自己三年内所需要学习的课程、所需要掌握的技能、所需要考取的技能等级证书等；查找、了解升学文化课科目的学习方法和技巧，以及本专业核心专业课的学习技巧、核心技能的掌握途径和方法。根据上述内容，制订本人的三年学习计划。

3）春考班。了解春季高考的相关内容，如考试科目、报名及考试时间、录取院校等；了解参加春季高考与学习专业之间的关系；列出自己三年内所需要学习的课程、所需要掌握的技能、所需要考取的技能等级证书等；查找、了解升学文化课科目的学习方法和技巧，以及本专业核心专业课的学习技巧、核心技能的掌握途径和方法。根据上述内容，制订本人的三年学习计划。

4）高级工、预备技师班。目前，经济社会发展需要大量的工匠，技工院校是培养未来工匠的主要力量。技工院校培养的学生，按照学制和技能水平不同，有以下几类：

① 技工院校招收初中毕业生，培养中级工、高级工、预备技师的学制教育期限分别为 3 年、5 年、6 年。

② 高级技工学校、技师学院招收高中毕业生，培养高级工、预备技师的学制教育期限分别为 3 年、4 年。

③ 高级技工学校、技师学院招收对口专业中等职业学校（包括技工学校）达到中级技能水平学生，培养高级工、预备技师的学制教育期限分别为 2 年、3 年。技师学院招收达到高级技能水平学生，培养预备技师、技师的学制教育期限分别不少于 1 年、2 年。

大多数技工院校在培养学生取得技能等级证书的同时，还要求学生取得相应的学历证书，即“高级工+大专学历”、“技师+本科学历”，让学生取得“双证书”，更利于学生的就业和发展。根据《技工教育“十三五”规划》，技工院校中级工班、高级工班、预备技师（技师）班毕业生分别按相当于中专、大专、本科学历落实相关待遇。

[行为训练]

行为训练 1　搜集不同发展方向中职毕业生的案例

（1）从自己身边发掘或者查询资料，搜集中职生不同发展方向的案例。

（2）对于搜集的案例进行整理，分析每一个案例中主人公的实际情况，如：性格特点、学习能力、父母期望、家庭条件、地方经济发展、选择的职业、职业发展情况等。

(3) 通过案例中主人公的个人成长和职业发展经历，分析其成长中的关键因素，并结合自身，想一想自己的发展方向。

行为训练 2 制订自己的中职学习规划

(1) 自我分析。

1) 性格概括：

2) 学习基础：

3) 学习习惯与能力：

4) 父母期望：

5) 家庭经济条件：

6) 地方经济发展：

7) 适合职业与岗位：

8) 理想职业：

(2) 确定自己的中职发展方向。

(3) 分析发展方向。根据所选择的方向，结合上述章节内容的具体要求，通过上网查阅、实地考察、请教专业教师以及上届学长等形式，完成相关内容的了解，并以书面形式展示出来。

（4）制订学习规划。

4 安全，美丽的保障

“关爱生命，注意安全”，此话时常在我们耳边响起。安全是最基本的保障。我们在校学习期间参加的各种文体活动、生产实习，在日常生活中的行走、出行，在工作中的生产、运输、加工等等，都与安全息息相关，稍不注意，就可能发生事故、铸成大错。安全在日常生活中必不可少，是学习、工作有序进行的前提，是生活幸福的基础。防范安全隐患，避免安全事故，要从我们生活、学习、工作中的点点滴滴做起，要时刻想着安全，牢记安全第一。

4.1 校园中的安全

校园安全是个永恒的话题。楼道踩踏、食物中毒、溺水身亡、暴力事件、交通安全事件屡见报端，这些安全事故每天都在吞噬着“祖国的花朵”。

自1996年起，3月的最后一个星期一被订立为全国中小学生安全教育日。设立这一制度是为了全面深入地推动中小学生安全教育工作，大力降低各类伤亡事故的发生率，切实做好中小学生的安全保护工作，促进学生健康成长。2015年3月在第二十个全国中小学生安全教育日，教育部副部长、国家总督学刘利民在主题活动中表示，20年来，各地各校以安全教育日为抓手，中小学安全教育的针对性和有效性不断提高，中小学生的安全素养不断增强，学生安全事故逐年递减，学生非正常死亡人数和死亡率均逐年下降。这些成果是在国家、学校对安全的重视的情况下取得的，但是我们还不能放松，做好校园安全工作，人人有责；做好校园中的安全工作，要从细节做起、从我做起。2016年全国中小学生安全教育日主题是“强化安全意识，提升安全素养”，要让学生们树立安全意识，掌握安全知识，提高自我保护能力，避免安全事件的发生。

[案例故事]

案例1：2006年10月25日晚上8点，四川省某小学晚自习后，学生刚走出教室，灯突然熄灭，楼道一片漆黑，大家争相往楼下奔跑，部分学生被挤倒，被后面涌上来的学生踩踏，结果造成10名学生死亡，27名学生受伤，其中重伤

7 人。

案例 2：2007 年，某职业学校车间，一名学生没有认真听教师讲机床的安全操作规程，违反操作规程使用机床，结果导致手臂被机床碰伤。

案例 3：某学院宿舍，有学生违规使用“热得快”，导致宿舍发生火灾。由于宿舍的床板、地板、门都是木质结构，火势蔓延非常快。幸好学院教师及时赶到，扑灭大火，才避免了更大的火灾发生。事后该学生受到了严重处分。

［析理导航］

上述案例中，案例 1 是由于灯突然熄灭造成学生恐慌，继而发生的踩踏事故。案例 2 是由于违规操作设备导致的安全事故。案例 3 是由于违规使用电器导致的。究其根本，主要都是由于学生们缺乏校园安全意识和安全常识造成的。如果大家能够按照相应的要求操作，能具有安全意识，就能避免事故的发生。因此，每名学生均应了解校园安全知识，树立安全意识。

4.1.1 校园安全事故

学生安全，牵动着教师和家长的心。而当今生活环境的千变万化、社会诸多的不确定因素、家庭的过多保护，都使许多学生在面对具体问题时束手无策。无论是教师还是家长等，都不可能给任何孩子安全一生的承诺和保护，只有学生自身具备了安全意识和能力，才能保护自己的平安。因此，安全教育的落脚点应是培养学生的安全意识，形成自救自护能力。校园中的安全主要包括以下几个方面：上下楼梯中防止踩踏、集体活动中防止冲突、体育运动中的安全、实习中的安全操作、安全使用电器。

(1) 踩踏事故与集体冲突。近年来，全国多次发生踩踏事故。据《法制晚报》记者统计，国内近十五年来发生的踩踏事件中，校园是事故高发地。校园活动中，每天避免不了会有人多聚集的时候，如上下学期间、学生就餐期间、集体做操期间、大型集体活动期间。遇到人多聚集的情况，要防止踩踏事故和集体冲突的发生。每位学生都要遵守秩序，上下楼梯靠右行，不与同学打逗，不与同学并行走；不拥挤、不推搡、不冲撞他人；不做恶作剧。遇到停电，不要着急，保持情绪稳定、心理镇定，看清楼梯或道路，防止绊倒，有序上下楼、有序离开。遇到大雨、地震等紧急情况，要按照教师的指挥，有序、稳定地撤离。遇到有人情绪不稳定时，不要与其发生冲突，紧急联系教师或者报警。

在校园中，集体生活，为了自己和大家的安全，遵守安全秩序是每个人都应具备的基本素质。

（2）体育运动中的事故。学校在组织学生参加各种各样的体育活动中，难免会存在一些风险。例如，某校在体育运动时间对学生进行篮球训练。两个人一小组，学生刘某和陈某被分到一个小组。刘某在防守陈某时，陈某做了一个跳投假动作，刘某跳起封盖的同时陈某向右侧突破，这时已跳在空中的刘某腿部碰到陈某身体，刘某身体失去平衡后倒地，左肩部着地后，由于惯性的原因他的左侧脑部碰到地上。由于当时没有不舒服的症状，因此并没有引起体育老师和同学们的注意。直到体育课结束后，刘某感觉身体不适，才被学校送到医院进行检查，CT 诊断是脑硬膜外血肿，需住院手术治疗。经过近一个月的治疗，该生才脱离危险并出院，但仍有头晕等不适症状出现。

开展体育运动必须加强安全管理，教师必须亲自负责直接对学生进行保护，学生要听从教师的指导，学会正确的运动技术，掌握自我保护的要领，出现伤害事故要及时就医检查治疗，避免运动致残的悲剧发生。加强在体育运动和训练中的防护和自我保护意识，需要师生共同努力，平时加强安全教育，克服麻痹思想，掌握运动损伤的预防知识和自我保护知识。对游泳安全问题，每年夏季，教育主管部门都要发布安全通告，学校、家长、教师、学生都要提高对游泳安全问题的重视，关注安全，珍爱生命。

（3）生产实习安全问题。在职业院校的教学当中，大多数专业实习课，需要上机操作。在进实习场之前，学生应按教师的要求穿戴好实习服、安全帽、安全鞋、防护镜等防护用品，女生要将长发盘起，避免因防护不当造成伤害。在实习课中，教师会讲解安全操作规程和注意事项，学生一定要认真听、认真理解、严格掌握，防止因违规操作造成的安全事故。在实习操作过程中，要在教师的指导下，操作设备、使用工具，不懂的要及时向教师请教，切勿私自改变操作流程和随意使用工具。在实习中，对于机器设备出现的停车、撞车等情况，要提前掌握相关知识，做好预判；面对突发事件时，能够沉着应对，运用所学专业知识与技能，及时制止可能发生的事故，保护自身安全；对于突发情况，要及时报告教师。总之，只有全面掌握实习安全操作规程和知识，养成良好操作习惯，方能杜绝安全事故的发生。

（4）违规使用电器。安全用电也是校园安全中重要的一项内容，大家不能掉以轻心。学校一般禁止使用大功率电器，这是为了防止出现用电事故。但有部分学生还是私自违规使用电器，比如在宿舍中，使用“热得快”、吹风机、烫发器、电熨斗等。一方面，使用大功率电器会突增校园用电负荷，容易造成电线过载、变电器过载；另一方面，这些电器缺乏安全保护装置，如果使用和摆放不当，极易引燃周围的可燃物品，引起火灾。有的学生私拉电线、私自连接线板；有些电器（如“热得快”）因本身结构存在缺陷，可能会因为潮湿引起漏电，容易导致触电发生。用电安全事故，往往是由疏忽大意引起的，最终生命受到威胁的不仅仅是自己，还有自己的同学。所以大家一定要按照学校要求安全用电。在学校安全用电应注意以下几点：不使用、不安装大功率电器，如热得快、拉直板等；宿舍里不准私拉电线，乱接插头；做到及时关灯以免灯具和线路发热引起火灾；教室内所有电源插座严禁为手机、电池等充电；要爱护用电设备，不准随便扳动、毁坏电器开关；发生人员触电时应采取必要的救护措施。

4.1.2 校园安全准则

为了安全，每个人都要遵守安全规则。

(1) 校园行走，脚步轻轻；上下楼梯，靠右行走。

(2) 校园内不追逐，不打闹，不冲撞。

(3) 登梯子，双手要扶稳。

(4) 上下楼梯，走规定的通道；人多时，耐心等待，不拥挤。

(5) 校园内走人行道，遇到车辆，主动、提前避让。

(6) 不向楼下抛掷物品。

(7) 不爬、坐在窗户、窗台以及教学楼顶楼的围墙或校园内的栏杆上；不探出身体到窗外擦玻璃。

(8) 不触碰公共区电源及开关。

(9) 不把危险物品、爆炸物品或管制刀具带进校园及教室，知道或发现其他人带有，及时报告；禁止在校园内燃放烟花爆竹。

(10) 不攀爬学校围墙、树木及危险的地方。

(11) 实验实训课上，严守操作规则，不擅自行动。

(12) 打饭、打开水时不得拥挤，提开水瓶不要小跑，以免瓶爆烫伤。

(13) 在宿舍床铺休息，不乱活动，防止跌落。

(14) 发现同学之间、学生与社会上的其他人之间有矛盾，并可能升级造成不良后果的事件隐患，及时向学校报告。

(15) 参加早操、课间操、升旗仪式等集体活动时，严禁拥挤起哄，须排队入场，按指定位置就座，活动结束后要在教师指挥下有序退场。

(16) 发现校园安全隐患，及时设置警示标识或报告保安、教师。

大家来自五湖四海、四面八方，由于各自的生活习惯不同、性格各异、认识不同，同学之间避免不了产生一些小矛盾。我们在处理与同学发生的矛盾时，切忌针尖对麦芒。有矛盾不可怕，只要冷静处理、积极化解，在教师的调解下，矛盾自然会消解。如果不冷静，可能一冲动就会发生打架斗殴的事件，造成严重的后果。在校期间，还要正确处理与异性之间的交友问题。学生时代是人生的黄金时代，同学之间要建立起积极、友好的关系。

在校园中，安全事故往往是由小事引起的。发生了安全事故，就会有人被伤害，甚至有的付出生命的代价，后果无法挽回。所以，每个人均要认真对待、严肃对待学校的安全管理要求，这是对自己负责，也是对同学负责，更是对家长负责。

[行为训练]

行为训练1 安全疏散模拟演练

任务单：以全校或班级为单位，进行火灾安全疏散演练。

任务目的：在演练中，组织学生有序疏散，提高学生安全意识，培养学生有序应对紧急安全事故的能力。

任务要求：制订疏散演练预案。

活动内容：

（1）设计疏散预案。

（2）在学校统一组织下进行有序疏散。

（3）感悟。通过参与该行为训练，经过思考，写下自己的体会和感悟。

行为训练2 校园安全之我见

任务单：根据本节中的案例，组织小组讨论，提出安全解决方案。

任务目的：培养学生的安全意识。

活动内容：

（1）讨论，确定本组的讨论结果。

（2）小组发言。

（3）小组互评。

（4）感悟。

4.2 生活中的安全

在生活中，要注意食品安全事故、用电事故等。尤其是青年学生，阅历少、经验不足、辨别能力不强，更应该了解相关知识，提高防范意识，避免安全事故的发生。

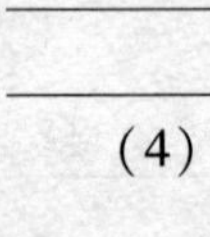

[案例故事]

案例1：针对“地沟油”问题，2010年3月18日，国家食品药品监督管理局办公室发布了《关于严防“地沟油”流入餐饮服务环节的紧急通知》（食药监办食〔2010〕25号），严防“地沟油”流入餐饮服务环节，切实保护消费者饮食安全。2015年5月7日，辽中县动物卫生监管部门在开展瘦肉精专项整治行动中，从肖寨门镇舒某养牛现场查获约5公斤瘦肉精药粉。经检测，舒某饲养的42头肉牛有4个尿样瘦肉精呈阳性。5月27日，在辽中县公安部门的大力配合下，沈阳市、辽中县动监部门对4头瘦肉精阳性牛实施了无害化处理和对犯罪嫌疑人处以2.5万元罚款的行政处罚，对38头同群牛实施饲养、销售和屠宰全程监控，并将案件移交公安部门，避免了瘦肉精中毒事件发生。

案例2：2008年10月19日，安徽某中学10名学生食用校外摊点用亚硝酸盐烹制的“牛排”后，发生食物中毒。经调查，这10名中毒学生均为上午在学校对面一油炸小吃摊点上食用了“牛排”，当日下午陆续出现头晕、呕吐、全身无力、嘴手发紫、呼吸困难等症状后，被及时送往医院进行救治。

[析理导航]

案例1中是针对当时出现的食品安全事故，国家相关部门紧急采取措施，防止了食品安全问题的大规模产生。面对食品安全，我们要提高食品安全意识，避免危害自身健康。案例2中，由于学生们一心想着“小吃”而没有注意小摊贩食品的安全状况，缺乏食品安全意识，导致食物中毒事件的发生。在日常生活中，食品安全事关重大，千万不可掉以轻心，我们要加强有关食品安全知识和法规的学习，严防食物中毒。

4.2.1 食品安全

食品的安全事故的发生不仅降低生活质量、损害身体健康，也导致信任危机。食品是我们生活的必需品。要想做到饮食安全，避免食物中毒问题，要从以下几个方面做起：

（1）了解食物中毒。食物中毒者最常见的症状是严重的恶心、呕吐、腹痛、腹泻，表现为急性肠胃炎的主要特征。上吐下泻严重的，还可能发生脱水、酸中毒，甚至休克、昏迷等症状。

（2）发生食物中毒后及时采取措施。一旦发生食物中毒，最好马上到医院救治，不要自行乱服药，若无法尽快就医，可采取如下措施：

1）饮水。立即饮用大量的干净的水，对毒素进行稀释。

2）催吐。如进食的时间在一至两小时前，可人为帮助催吐，尽快排出毒物。

3）导泻。如进食的时间已超过两小时，但精神较好，则可服用泻药，促使中毒食物尽快排出体外。

4）解毒。如果是因为吃了变质的鱼、虾、蟹等引起的食物中毒，可取食醋100mL加水200mL，稀释后一次服下。

5）保留食物样本。在发生食物中毒后，要及时保存可能导致中毒的食物样本，以提供给医院进行检测，要及时向相关部门报告。若长时间没有缓解症状，甚至出现失水、大汗、意识模糊等症状，一定要马上送医，不要耽误最佳治疗时间。

(3) 预防食物中毒。做好餐具、炊具的清洗消毒工作；要养成良好卫生习惯，在烹调食物和进餐前注意洗手；要尽量少到不卫生的街头大排档或证照不全的小餐馆就餐；不要食用超过保质期的食品；购买生肉时，要注意识别有无检疫部门的检疫图章；隔夜、隔餐食品应低温储藏，在食用前要充分加热，提倡“现买、现做、现吃”。在校学生预防食物中毒，还要注意以下几个方面：

1）到正规商店里购买食品，不买校园周边、街头巷尾的“三无”食品，不吃无卫生保障的街头食品。

2）购买正规厂家生产的食品，尽量选择信誉度较好的品牌。仔细查看产品标签。食品标签中必须标注产品名称、配料表、净含量、厂名、厂址、生产日期、保质期、产品标准号等信息。不买标签不规范的产品。

3）少吃油炸、烟熏、烧烤的食品，这类食品如制作不当会产生有毒物质。

4）不盲目随从广告，广告的宣传并不代表科学，是商家利益的体现。

5）白开水是最好的饮料，一些饮料含有防腐剂、色素等，经常饮用不利健康。

6）养成良好的卫生习惯，预防肠道寄生虫病的传播；生吃的蔬菜和水果要洗干净后再吃，以免造成农药中毒。

7）尽量少吃或不吃剩饭菜，如果吃剩饭菜，一定要彻底加热，防止细菌性食物中毒。

8）不吃无卫生保障的生食食品，如生鱼片、生荸荠等。

(4) 提高食品安全意识。在日常生活中，一方面要避免食物中毒，不要在小摊、无资质的饭店吃饭、聚会；另一方面还要提高食品安全知识，及时掌握食品安全信息。比如出现了“地沟油”、“三聚氰胺”等事件，要及早了解，及时停止使用相关产品。

4.2.2 用电安全

随着生活水平的不断提高，生活中用电的地方越来越多。因此，我们有必要掌握最基本的安全用电常识，以便有效地保护人身和财产安全。

4.2.2.1 安全用电常识

用电时，要具备以下必要的安全用电知识：

(1) 不用手或铁丝、钉子、别针等金属制品去接触、探试电源插座内部。

(2) 不用湿手触摸电器，不用湿布擦拭电器。

（3）电器使用完毕后应拔掉电源插头，插拔电源插头时不要用力拉拽电线，以防止电线的绝缘层受损造成触电；电线的绝缘皮剥落，要及时更换新线或者用绝缘胶布包好。

（4）不随意拆卸、安装电源线路、插座、插头等。

4.2.2.2 触电急救小常识

实验研究和统计表明，如果从触电后1分钟开始救治，则90%可以救活；如果从触电后6分钟开始抢救，则仅有10%的救活机会；而从触电后12分钟开始抢救，则救活的可能性极小。因此当发现有人触电时应争分夺秒，采取一切可能的办法进行抢救。如：发生人员触电事故时，在保证救护者本身安全的同时，必须首先设法使触电者迅速脱离电源；解开妨碍触电者呼吸的紧身衣服；立即就地进行抢救，如呼吸停止，采用人工呼吸。

[行为训练]

行为训练1　食物搭配与相克

任务单：不知道大家有没有出现过这样的情况：吃了多种零食后胃或肚子出现不舒服。这说明有些食物如不同品种的水果、蔬菜混在一起吃，轻者会引起肠胃不适或消化不良，重者出现中毒反应。我们今天的活动，就是来判别哪些食物可以一块儿吃，哪些食物不能一块儿吃。

任务目的：提高食品安全意识，预防食物中毒。

任务要求：准备几样食物：豆浆、蜂蜜、鸡蛋、海带、豆腐、草莓、牛奶、木瓜。请学生辨别，应该怎样搭配吃。班里每4位成员为一小组，每小组拿到一张任务单，在任务单上，写下自己认为可以互相搭配的食物。

活动内容：

（1）以小组为单位，讨论食物的相互搭配，将每组讨论的结果写在任务单上。

小组人员：________________________________

小组讨论：以上几种食物应该如何搭配？

____

____

____

____

（2）几种食物的搭配方式，请判断对错。

桃子可搭配牛奶（ ）

芦荟可搭配柠檬（ ）

鸡蛋可搭配韭菜（ ）

苹果可搭配洋葱（ ）

鱿鱼可搭配豆浆（ ）

茶可搭配白糖（ ）

豆浆可与蜂蜜共饮（ ）

（3）以小组为单位进行搜集，将了解到的不能互相搭配的食物写下来。

____

____

____

____

（4）每小组搜集整理好材料后，进行展示。

（5）感悟。通过参与该行为训练，写下自己的体会和感悟。

____

____

____

____

行为训练 2　食品安全知识小竞赛

任务单：食品安全知识小竞赛，共 50 道题，学生以抢答方式进行回答。

任务目的：通过查阅资料，互相出题，提高学生食品安全知识。

任务要求：全班分成 4~5 个小组，各组查阅食品安全资料，并出 10 道选择题或者简答题，然后汇集成试题集，供食品安全知识竞赛使用。

小组人员：________________________________

活动内容：

（1）每组出 10 道题。

____

____

____

____

（2）知识竞赛。

（3）评比。

（4）参与该行为训练，写下自己的体会和感悟。

4.3 出行中的安全

为了避免在外出行期间发生安全问题，每位青年学生都应注意出行中容易出现的问题，防患于未然。

[案例故事]

案例 1：2006 年 10 月 1 日，某县职校学生李某（男、17 岁）和其弟（男、15 岁）无证骑乘一辆无牌二轮摩托车，行至城镇某路段时与一辆大货车相撞，二人当场死亡。2009 年 11 月 7 日凌晨，重庆某县一无牌无证客货两用车在私自运送 27 名学生返校途中发生重大交通事故，车辆翻坠下高坡，造成 5 名学生死亡，3 名重伤。

案例 2：倩倩是某中职院校学生，家境富裕，追求时尚，喜爱名牌。周末闲暇时间，她独自一人出来买东西，拿着最新款的苹果手机打完电话后，随手放在大衣口袋里就过马路了。马路不宽，人也不多，看似周围没人，但就在过马路之后，倩倩发现自己的手机不见了。

案例 3：婷婷和小露是某中职院校的新生。周末的一天，婷婷和小露到市中心商业街逛街。在一个商场门口，一位女售货员热情地跟她们打招呼，并告诉她们，今天商场办活动，护肤品免费试用，质量上乘。两位女生觉得新奇，就跟随售货员来到商场内某化妆品店。服务员为两个女生试用护肤品，耐心讲解产品的护肤原理及使用方法，整个试用过程 20 分钟。当护肤完，她们起身要走时，售货员说，必须得买两袋本店产品，价值 500 元。顿时，两位女生傻了眼。

案例 4： 学生许某，在网上聊天时认识了在深圳打工的冯某，两人很投缘。许某把冯某当做知心朋友，却不料冯某存有歹心。交往中，冯某得知许某是职校学生，由此认定许某的社会经验尚浅，可以从他那里搞一笔钱财。于是，冯某找到同乡钱某商量，两人决定对许某下手。两人从深圳窜至广州入住某酒店。然后按照事先的约定，冯某在学校门口找到许某，在冯某的花言巧语下，许某跟随冯某到了酒店房间。结果，学生许某被冯某和钱某抢劫并杀害。

[析理导航]

案例 1 讲述了两个事故，第一个，两兄弟未满 18 岁，不能取得驾驶证，不能驾驶机动车辆，他们不仅违犯了国家交通安全相关法律，也造成了严重的交通安全事故；第二个是司机无资质运行车辆、无证驾驶。因此，加强对交通法规宣传认识非常必要。通过了解、掌握交通安全法规，人人学法、知法、守法，避免交通事故的发生。案例 2、案例 3 和案例 4 中发生的事故，主要还是由于学生缺乏安全防范意识导致的。

4.3.1 交通安全

随着社会经济发展水平的不断提高，人们的生活水平也在不断提升，各种交通工具不断产生，各种食品琳琅满目。在繁华的城市街道，车水马龙、人来人往，这时交通事故就像一颗炸药，它的爆炸虽然往往是在不经意间，但会打碎人们幸福的生活。

近年来，随着科技的发展，社会的进步，交通运输日益发达，人们的出行方式也日趋多元化。然而，这一现象的背后，也隐藏着一个不容忽视的重大问题——交通安全问题。有调查显示，我国每年因车祸死亡的人数在 10 万人左右，伤残 60 万人左右，高居世界各国榜首。其中，青少年所占的比例越来越高，交通事故已经成为我国青少年的主要死因之一。所以要对青少年进行交通安全教育，让他们学习掌握交通安全法规，增强交通安全意识，从小培养良好的交通安全习惯，减少交通事故对他们的伤害。

也许会有人说："交通安全有什么，只要在过马路时遵守红绿灯规则不就行了吗?"这样的说法过于片面。很多时候，人们会以时间紧或其他无关紧要的事为理由违反交通规则。这简直是拿生命做赌注！我们要“摒弃交通陋习，安全文明出行”，也就是要改变不良的交通行为，树立正确的交通安全意识，自觉遵守交通规则，做到文明出行、安全出行。并且，我们要通过自己的言行来带动一个宿舍、一个班、一个家庭，影响整个社会，营造出文明乘车、文明行车、文明走路的和谐交通环境。

要从根本上减少交通事故的发生，我们还应积极学习《中华人民共和国道路交通安全法》和交通规则，要知法、懂法、用法，人人遵守交通规则，才能社会安定、家庭幸福。

“高高兴兴上学去，平平安安回家来”是每个学校教师和家长对学生的一个共同心愿。出门在外，尤其是外出旅行，更要注意交通安全，要选择安全合法的交通工具；对于不熟悉的地方和道路，要留心记忆经过的标志建筑和路标路牌；问路时，要选择可靠的人，最好向交警询问，或向路边常设的报亭或摊位中的人询问。当发生意外情况时，一定要镇定。记住对方的特征特点，出租车要记住车牌号。及时向公安部门报警，寻求他们的帮助；尽量选择在白天外出，如果回来得晚了，要尽量走车流大的公路或路灯亮、有监控的街道。

为了增强交通安全意识，记住以下口诀：

过街要走人行道，接听工具暂关掉。
路口转向速度缓，看清示意再往前。
交通规则记心间，骑车“十”不保安全。
骑车走路要看清，井盖丢失成陷阱。
翻越护栏穿公路，违规容易把命送。
乘车系好安全带，头手不出车窗外。
铁轨冰冷又无情，不要玩耍和留影。
乘船排队莫拥挤，打闹争抢易落水。

4.3.2 防盗

案例2中，倩倩独自出行，防扒窃的警惕心理不强，随便将手机放在大衣口袋里，后边有人跟随也浑然不知，导致手机被盗。

出行时，无论是个人还是结伴出行，都要强化安全意识，提高自我防范能力，切忌随意展示自己的钱包或其他贵重物品，将自己的包裹或随身物品放在视线以内或者存在比较安全的地方。

4.3.3 防骗

案例3中的学生被骗、案例4中的许某被抢劫杀害，都是因为他们自我保护意识薄弱，轻信他人的花言巧语而上当受骗。在社会上，人员素质参差不齐，青年学生一定要提高防范意识，尤其要警惕网上结交的“朋友”。

（1）天下没有免费的午餐。时下，偶尔会有人打着“免费试用”、“中大奖”的幌子，骗取人们的信任，从而骗取钱财。面对这种情形，切不可以为自己是“幸运儿”，要谨记“天下没有免费的午餐”。“免费”的背后，往往需要更多的付出。尤其要警惕一些机构的虚假宣传，避免被骗造成损失。案例 3 就是经验教训，我们要吸取经验教训，提高识骗防骗能力。

（2）网络交友要谨慎。目前，网络技术发达，各种网络聊天软件、交友网站如 QQ、微信、微博等非常流行，我们使用网络平台时要注意网络交友和网络信息安全。

1）尽量少进入各式各样的聊天网站。下载软件时，应到官方网站下载，避免下载带有病毒的软件，防止个人信息和钱财被盗。

2）保管好自己的密码，不要告诉其他人。

3）网络中朋友的姓名、年龄、性别、身份等有可能并不真实，不要轻易相信。

4）不要添加陌生人为自己的好友。

5）不要把自己的真实姓名、年龄、身份和家庭住址等有效信息放在 QQ 空间、微信朋友圈等当中。

6）不要随意把自己的照片作为头像，也不要把自己的事上传。

7）若有人向你借钱，应立即提高警惕，即使是你认识的人，也不要通过网络途径借给他人钱，这有可能是你的朋友被盗号所致。若真有认识人向你借钱，一定要去电话或见面联系确认。

8）不要与陌生网友赴约见面。

9）网络中不健康的内容不要随便点击浏览。

总之，我们离开家，来到新的学校，作为独立的个体，要独自面对很多事情。在生活、学习和思想方面，要做到张弛结合，对估计到的困难，要预先思考，做到心中有数，要知道哪些能做，哪些不能做，哪些会有危险。在求学成长的过程中，我们要提高自我管理和约束能力，全方位提高自我保护意识，学会自我保护措施，高高兴兴上学，平平安安回家。

[行为训练]

行为训练 1　交通图标大汇集

任务单：我们出行时，总会遇到各种路标图示，这些交通图标都有何含义？

请大家在上学或放学的途中，用心观察，将自己了解到的交通图标进行搜集。

任务目的：提高交通安全意识，明确出行的要求与规则。

任务要求：每位学生都应仔细观察、认真对待。

活动内容：

（1）在出行或上学、放学的途中，仔细观察路边的各种交通标志。

（2）教师拿出常用的交通图标图片，请学生说出每个图标的含义。

（3）对照教师给出图标的样式，每位学生画出自己看到过的图标。

（4）还有哪些图标是我们见过但现在没有给出的？请补充并说明标志的含义。

（5）感悟。通过参与该行为训练，写下自己的体会和感悟。

行为训练 2　观看巩汉林、蔡明主演的小品《陌生人》

任务单：一个人出来上学，没有了父母在身边的庇护，我们在各个方面都要提高警惕，提高自我保护的意识。观看巩汉林、蔡明主演的小品《陌生人》，对小品中涉及的自我保护的注意事项进行提取。

任务目的：提高自我保护能力，预防被坏人欺负，上当受骗。

任务要求：在观看小品的同时，要积极寻找有关自我保护的注意事项。

活动内容：

（1）以小组为单位，通过观看小品，各组成员互相讨论，小品中都涉及了哪些自我保护的内容？

小组人员：________________________________

讨论记录：________________________________

____

____

____

（2）以小组为单位，在班里展示讨论结果，全班学生互相探讨。

____

____

____

____

（3）评价，看哪个小组找出的内容最多、最到位。

____

____

____

____

（4）感悟，通过参与该行为训练，写下自己的体会和感悟。

____

____

____

____

5 礼仪，美丽的名片

文明礼貌是友好交往的前提。在与人交往中，要做到语言文明、态度亲和、举止端庄。语言文明能使交往和谐，态度亲和能增添交往的魅力，举止端庄能反映我们的高雅气质。我们在与人交往时必须做到讲文明、有礼貌、讲礼仪。

5.1 注重仪容仪表

[案例故事]

案例 1：有这样一个故事，一个新闻系的毕业生正急于寻找工作。一天，他到某报社对总编说："你们需要一个编辑吗？""不需要！""那么记者呢？""不需要！""那么排字工人、校对呢？""不，我们现在什么空缺也没有了。""那么，你们一定需要这个东西。"说着他从公文包中拿出一块精致的小牌子，上面写着"额满，暂不雇用"。总编看了看牌子，微笑着点了点头，说："如果你愿意，可以到我们广告部工作。"这个大学生通过自己制作的牌子表达了自己的机智和乐观，给总编留下了美好的"第一印象"，引起其极大的兴趣，从而为自己赢得了一份满意的工作。

案例 2：一位心理学家曾做过这样一个实验：他让两个学生都做对 30 道题中的一半，但是让学生 A 做对的题目尽量出现在前 15 题，而让学生 B 做对的题目尽量出现在后 15 道题，然后让一些被试对两个学生进行评价：两相比较，谁更聪明一些？结果发现，多数被试都认为学生 A 更聪明。

案例 3：美国总统林肯曾因为相貌偏见拒绝了朋友推荐来的一位才识过人的阁员。当朋友愤怒地责怪林肯以貌取人，说任何人都无法为自己的天生脸孔负责时，林肯回答说："一个人过了四十岁，就应该为自己的面孔负责。"可见，我们不能忽视第一印象的巨大影响作用，因而必须通过提高自身修养来修饰自己的形象，为将来的成功奠定基础。

[析理导航]

无论是寻求工作的毕业生，还是心理学家做过的实验，抑或是林肯总统因相貌偏见拒绝才识过人的阁员，以上案例均体现了首因效应的重要性。首因效应在人际交往中对人的影响较大，是交际心理中较重要的名词。人与人第一次交往中给人留下的印象，在对方的头脑中形成并占据着主导地位，这种效应即为首因效应。我们常说的“给人留下一个好印象”，一般就是指的第一印象，这里就存在着首因效应的作用。首因效应告诉我们，人们根据最初获得的信息所形成的印象不易改变，甚至会左右对后来获得的新信息的解释。实验证明，第一印象是难以改变的。而第一印象主要是依靠性别、年龄、体态、姿势、谈吐、面部表情、衣着打扮等，判断一个人的内在素养和个性特征。因此在日常交往过程中，尤其是与他人的初次交往时，一定要注意给对方留下美好的印象。

要做到这一点，首先，要注重仪容仪表，一般情况下人们都愿意同衣着干净整齐、落落大方的人接触和交往。其次，要注意言谈举止，言辞幽默，侃侃而谈，不卑不亢，举止优雅，定会给人留下难以忘怀的印象。

5.1.1 仪容规范

仪容，通常指的是一个人的外貌，即一个人的外形与外观。一个人的仪容，大体上受到以下两个要素的左右。

(1) 个人的先天条件。一个人相貌如何，通常主要受制于血缘遗传。一个人不论是“天生丽质难自弃”，还是长得丑陋不堪，都是从一出生就很难改变了，其后的发展变化往往不会与之相去甚远。

(2) 个人的修饰维护。每一个人的先天条件在其仪容方面固然头等重要，然而这并不意味着一个在其仪容方面先天条件优越的人，便可以过分地自恃其长，而不去进行任何后天的修饰或维护。事实上，修饰与维护，对于仪容的优劣而言通常起着一定的作用。在任何情况下，一个正常人倘若不注意对本人的仪容进行合乎常规的修饰与维护，那么他在他人的心目中往往也难以有良好的个人形象。

在人际交往之中，每个人仪容之中最为他人所注意的地方，通常首推其容貌。英国有一句谚语：“当你同别人打交道时，他注意你的面部很正常。他要是过多地去打量你身体上的其他部位，那就有一些不正常了。”当每一个人为他人所注视时，他的头发都是被注视的重点中的重点。有一位资深的形象设计专家曾经指出：“在一个人身上，正常情况下最引人注意的地方，往往首先是对自己的头发所进行的修饰。”发部修饰，在此特指人们依照自己的审美习惯、工作特点和自身特点，对自己的头发所进行的清洁、修剪、保养和美化。对于处在中职阶段的我们来说，只要保持发部整洁，自觉修剪，保证长短适当即可。穿着的基本要求是整洁、朴素、大方、协调、得体。不穿奇装异服，按规定穿校服。不烫发、染发，女同学不戴首饰、不染指甲。讲究个人卫生，养成良好的卫生习惯，衣服鞋袜要常换洗，按时理发和沐浴。

在修饰个人面部时，应遵循以下原则。

（1）适体性原则。仪表修饰与自身的性别、年龄、容貌、肤色、身材、体型、个性气质以及职业身份等相协调和相适宜。

（2）T. P. O 原则。即时间（time）、地点（place）、场合（occasion）原则，仪表修饰应因时间、地点、场合的变化而相应变化，使仪表与时间、环境氛围及特定场合等相适宜。

（3）整体性原则。仪表修饰要先着眼于人的整体，再考虑局部部位的修饰，促成修饰与人自身的诸多因素之间协调一致，使之浑然一体，营造出整体风采。

（4）适度性原则。仪表修饰时，无论是在修饰程度，还是在饰品数量和修饰技巧上，都应把握分寸，自然适度，展现出中职生应有的青春风采。

5.1.2 仪态规范

仪态，在此泛指人们的身体所呈现出来的各种姿势，即身体的具体造型。有时，仪态又称姿态、仪姿。具体来讲，人们的仪态分别表现为动作、表情与相对静止的体态。在日常交往中，每个人都会以自己的一定仪态出现于他人面前，并且以自己的一颦一笑、一举一动向他人传递信息。鉴于在人际交往中人们的特定仪态可以在无形之中向他人传递一定的信息，所以它也被称作人的体态语。

美国心理学家梅拉·比安曾经提出过一个非常著名的公式：

人类全部的信息表达=7%的语言+38%的声音+55%的体态语

公式表明，通过一个人常态的仪态，可以了解其个人素质及思想感情。这种了解往往比通过其语言所进行的了解更加可信和更值得重视。

从总体上说，一个人的仪态美，主要是一种外在美。平时，它以高雅的气质、迷人的风度为具体表现形式。有道是：“礼由心生。”一个人的仪态美，既建立在一个人的内在美，即心灵美的基础上，又可以通过心灵美恰到好处地表现出来。毫不夸张地讲：没有心灵美，便难有真正的仪态美；而离开了仪态美，心灵美也同样难以得到展现。二者丝毫不存在矛盾。没有心灵美的仪态美，与离开了仪态美的心灵美，都难以设想。

5.1.2.1 仪态举止礼仪

A 男士仪态举止礼仪

(1) 站姿。在仪态规范中，站立是人最基本、最常用的姿势，是一种静态的美。男士站立的正确姿势不但应该自己觉得舒适，而且应该给人一种稳重的信赖感。正确的站姿是肩部平衡，两臂自然下垂，腹部收紧，挺胸，抬头，不弯腰或垂头，不要有萎靡和颓丧的样子。为求稳重，两腿可略分开，大约与肩膀同宽，双手呈半握拳的样子为最好。

(2) 坐姿。入座要轻，至少应坐满椅子的2/3。后背轻靠椅背，头部挺直，双目平视。收腹直腰，身体稍向前倾。双手掌心向下放于膝上，双膝略分开。

(3) 走姿。平视前方，抬头挺胸，上体平稳，行走步频、步幅适中，稳健大方。

B 女士仪态举止礼仪

(1) 站姿。抬头挺胸，收腹直腰，目视前方，面带微笑，肩平舒展，双手交叉放于背后或腹前，双腿并拢直立，脚跟靠紧，脚掌呈V字形或丁字状，体现出女士的优雅、美丽、高素质、可信赖。

(2) 坐姿。动作要轻，至少应坐满椅子的2/3。下腹内收，双膝自然并拢，斜放一侧。后背轻靠椅背，头部挺直，双目平视。坐姿摆正，上身略微前倾，双手自然交叠放于腿面。着裙装时，要收拢裙角后坐下。

(3) 走姿。抬头平视，上体自然挺直，收紧腹部。行走步频、步幅适中，轻盈自然。

5.1.2.2 表情神态礼仪

表情与神态，通常泛指一个人面部所呈现出来的具体形态。所谓表情，是指人通过面部形态变化所表达的内心的思想感情。所谓神态，是指在人的面部所表现出来的神情态度。在一般情况下，二者往往是通用的。它们所指的，实际上主要是人在脸上所表现出来的态度的变化。

无论是处于中职学习阶段，还是将来走上工作岗位，我们在与人交往时都应表现得谦恭、和善，眼睛会说话，尽量保持微笑，做一个善于微笑的人。

5.1.3 仪表服饰礼仪

服饰，是对人们衣着及其所使用的装饰品的一种统称。在学校中，校服就是学生最得体庄重的服装。走上工作岗位后，服饰问题主要涉及在工作之中所穿戴使用的正装、便装、饰品、用品等的选择与使用。在涉及此类问题时，应当注意两点：一是必须对个人服饰予以高度重视。服饰得体与否，与个人形象、企业形象均有极大关系。对其重视不够，只会损害个人形象与企业形象。二是必须在个人服饰上遵规守纪。要想在服饰上不出差错，唯一的办法，就是要严守本单位的有关规定。例如，在校上理论课时穿校服，上实习课时穿好实习服及规定绝缘鞋等。

（1）职业装的选择。在工作岗位上，就衣着而论，大部分行业要求其身着工作服。换句话说，将来我们大部分同学在工作之中，通常以本专业所对应的职业装为本人的主要衣着。

（2）便装的选择。便装，又称便服。在绝大多数情况下，人们所说的便装，通常都是相对于正装而言的、适合于在各类非正式场合所穿着的服装。一般来说，便装在穿着时没有严格的限制或规定，其因使人感到轻松而便捷，所以才有便装之谓。

一般而言，人们在选择自己的便装时戒条较少。有人曾经说过："只要不触犯法律，只要不有悖伦理道德，只要不有碍自己的健康和安全，那么完全可以想穿什么就穿什么，想怎么穿就怎么穿。"话虽然是这么说，但在实际生活之中，人们在为自己选择便装时也绝对不是率性而为、"无法无天"的。即使是身在穿便装的场合，人们也大都明白，自己并非什么便装都可一试。人们在挑选或者穿着便装时，也会像选择、穿着其他服装时一样，暗自思考它是否适合自己。合理的选择，或者说便装的合宜与否，指的就是这一问题。在夏季和秋季，有些年轻人喜欢穿布鞋，因为布鞋轻便、透气、舒服。但有人把它当"拖鞋"用，走路时"趿拉着"，这在校园内，与学生身份不符；在社会中，与年轻人身份不符，不合时宜。

[行为训练]

行为训练 1　"羽衣霓裳"汉服制作与展示活动

任务目的：

（1）通过查阅、观看大量的汉服制作资料与视频，引导学生反思与热爱我国优秀传统文化，提升民族自尊心和自信心。

（2）通过汉服的制作过程，培养学生分工统筹与团结协作的能力。

（3）通过汉服展示的排演，提高学生组织与参与活动的能力。

任务准备：

（1）搜集与查阅有关汉服制作的资料，并整理成册。

（2）在全班范围内竞选活动总指挥，并明确分工与职责。在班级内部，根据学生性格特点与特长，分成五个小组，每个小组选定组长和模特各一名。

活动内容：

（1）汉服的制作。

1）在全班开展学习汉服制作的活动，以小组为单位，充分利用纸张进行练习。

2）每组分别量取本组模特的胸围、臀围、腰围、臂长、衣长和裙长，并记录在册。

3）收集废旧报纸，依据小组讨论衣服样式的结果和模特身材购买各种布料和衣缘，并根据需求购置针线、画粉和裁剪专用剪刀。

4）各小组按照前期的学习与练习经验，利用报纸制作出初步成型的服装，让模特试穿后，再精确和整改尺寸。

5）依据报纸样式，对布料进行裁剪、锁边和缝制。

6）在袖袖与衣襟处，加上衣缘。

7）制作配饰，如披帛、宫绦和步摇。

（2）准备汉服的展示。

1）商榷展示形式与主题。

2）撰写《羽衣霓裳》朗诵文章，确定朗读配乐。

3）练习背诵宣誓词。

4）活动总指挥带领五位模特排练上场顺序与动作。

5）全班进行整体彩排，查漏补缺。

（3）正式进行汉服展示演出（见图 5-1）。

图 5-1　某学院汉服展示活动

行为训练 2　我心中美丽的人

每位学生思考自己心目中美丽的人物形象是怎样的，可以上网搜索图片，也可以自己动手描绘出来，亦可口头描述。

写出美丽人物形象的特点：

5.2 校园礼仪常规

[案例故事]

亮亮一边走路一边看着漫画书，丁丁低头到处寻找自己丢失的钢笔，一不小心，两人撞在了一起。亮亮斜睨了丁丁一眼，怪声怪气地说：“好狗不挡道。”丁丁瞪大眼睛，气愤地回应：“你！没长眼啊？”亮亮嗓门也很高：“你才没长眼呢！”丁丁很生气：“你眼瞎了啊？”亮亮向前一步嚷：“你才瞎了呢！”两个人脸红脖子粗，谁也不肯道歉，最终动起手来，亮亮冲动地把丁丁打伤了。

看着受伤的丁丁，亮亮后悔不已，吓得不知道该怎么办才好，忽然想起请求万能的上帝来帮帮他。“上帝啊，我该怎么办呢？帮帮我吧！我错了，上帝，帮帮我吧！”上帝经不住亮亮的请求，问亮亮：“孩子，你真的知道自己错了吗？以后再发生这样的事情你知道该怎么做吗？”亮亮忙不迭地点头。

上帝于是让时光倒流，一切重新来过。当亮亮和丁丁相撞的时候，亮亮很诚恳地说：“哎呀，对不起，不小心撞到你了。”丁丁摆摆手说：“没事，我低头找笔也没看见你过来。”亮亮：“你的笔掉了？我帮你找吧。”“好啊，谢谢你呀！”

思考以下问题：

(1) 亮亮和丁丁相撞本是一件小事，为什么两个人会打起来？

(2) 他们两人在语言、态度、举止方面有哪些表现？

(3) 你在与人交往中有没有发生类似的事情？你的心情是怎样的？

[析理导航]

案例中的亮亮和丁丁，语言粗鲁、不讲文明、态度傲慢、互不相让、没有礼貌，最终大打出手。很多人有过类似的经历，但事后总是后悔。不讲文明、没有礼貌，会妨碍沟通交流，影响人际关系。只有讲文明、有礼貌，才能有效沟通，获得良好的人际关系。

生活中没有上帝，我们也不可能使时光倒流，那么怎样才能在人际交往中不留下遗憾？我们的语言、态度、举止应该是怎样的？我们在日常生活中应该如何与人交往？

学生是学校工作的主体，因此，学生应具有的礼仪常识是学校礼仪教育重要的一部分。学生在课堂上，在活动中，在与教师和同学相处过程中都要遵守一定的礼仪。

5.2.1 校园内公共礼仪

在校园内，学生应该自觉遵守公共场所管理规则，爱护学校公共财物：保持校园整洁，不在教室、楼道、操场乱扔纸屑、果皮；不随地吐痰、不乱倒垃圾；不在黑板、墙壁和课桌椅上乱涂、乱画、乱抹、乱刻；节约用水用电；自觉将自行车存放在指定的车棚或地点，不乱停乱放；在食堂用餐时要排队礼让，不乱拥挤，要爱惜粮食，不乱倒剩菜剩饭。住宿的学生，每一个人都有责任和义务保持宿舍整洁，物品应放在指定位置，不往窗外或楼下倒水，扔东西、吐口水；按时起床、就寝；熄灯铃后不谈话、打闹，不进行体育或其他活动。

（1）右行礼让。在上下楼梯或在楼道街道上行走时，靠右侧行进。遇到师长、客人、老、幼、妇、残、军人进出房门时，主动开门侧立，让他们先行。行走姿势正确，步幅适中，稳健有力。在楼道、教室行走时，慢步轻声；在街道上，靠右行走；不摇肩晃臀，不多人勾肩搭背行走。

（2）尊师有礼。在校园内进出或上下楼梯与教师相遇时，学生应主动向教师行礼问好。学生进教师的办公室时，应喊“报告”或敲门，声音以室内人听见为适度，经教师允许后方可进入。不能随便翻动教师的物品。与教师谈话时应立正，在教室座位上与教师谈话应起立，得到教师允许后再坐下。领奖或向师长交物品时，双手接交，表示尊敬。要尊重教师的习惯和人格，对教师的相貌和衣着不应进行评论。

（3）注意同学间的礼貌。同学之间的深厚友谊是生活中团结友爱的一种力量。注意同学之间的礼貌，是获得良好同学关系的基本前提。同学间可彼此直呼姓名，但不能用“喂”、“哎”等不礼貌用语称呼同学。在有求于同学时，须用“请”、“谢谢”、“麻烦你”等礼貌用语。借用学习和生活用品时，应先征得同意后再拿，用后应及时归还，并要致谢。同学间要团结互助。对于同学遭遇的不幸、偶尔的失败、学习上暂时的落后等，不应嘲笑、歧视，而应该给予热情的帮助。对同学的相貌、体态、衣着不能评头论足，也不能给同学起带侮辱性的绰号，绝对不能嘲笑同学的生理缺陷。在事关自尊的问题上一定要细心加尊重，同学忌讳的话题不要去谈，不要随便议论同学的不是。

5.2.2　课堂上的礼仪

遵守课堂礼仪和纪律是学生最基本的礼貌。

(1) 上课。上课铃声一响，学生应端坐在自己的座位上，恭候老师上课。当老师宣布上课时，全班应迅速肃立，向老师问好，待老师答礼后，方可坐下。学生应当准时到校上课，若因特殊情况迟到，得到老师允许后，方可进入教室。

(2) 听讲。在课堂上，要认真听老师讲解，注意力集中，独立思考，重要的内容应做好笔记。当老师提问时，应该积极举手，待老师让你回答时再站起来回答。发言时，身体要立正，声音要清晰响亮，并且应当使用普通话。

(3) 下课。听到下课铃响时，若老师还未宣布下课，学生应当安心听讲，不要忙着收拾书本，或把桌子弄得乒乓作响。下课时，全体学生仍需起立，与老师互道再见。待老师离开教室后，学生方可离开。

5.2.3　集会礼仪

集会在学校是经常举行的活动，一般在操场或礼堂举行。由于参加者人数众多，又是正规场合，因此要格外注意集会中的礼仪。

参加集会听讲时坐正立直。坐正，即头正颈直，上体与座椅靠背基本垂直。立直，即抬头挺胸，上体、双腿与地面垂直。

参加集会，要准时、有序。要按指定地方整齐就坐，不早退，不随便进出，会议结束后要有序退场。会议期间，要认真倾听，不得谈话、吃东西、打瞌睡，讲话或报告结束后要鼓掌，以示感谢，离场时要将垃圾带走。

5.2.4　礼仪常规

谈吐举止文明是仪表的综合要求。与人交谈时，态度诚恳，语言文明。待人接物中，表情自然，动作大方。

对长辈、友人或初识者称“您”。对师长、社会工作人员要称呼职务或“老师”、“师傅”、“叔叔”、“阿姨”等，不直呼其姓名。对他人提出要求时说“请”；与人打招呼时说“您好”。

使用体态语言的礼仪常规如下：

(1) 微笑。这是对他人表示友好的表情，微笑时应不露牙齿，嘴角微上翘。

(2) 鞠躬。这是下级对上级、晚辈对长辈、个人对群体的礼节。行鞠躬礼时，脱帽、立正、双目注视对方，面带微笑，然后身体上部向前倾斜自然弯下，低头眼向下看。有时为深表谢意，上体前倾可再深些。

(3) 握手。这是与人见面或离别时最常用的礼节，也是向人表示感谢、慰问、祝贺或鼓励的礼节。握手前起身站立，脱下手套，用右手与对方右手相握。握手时双目注视对方，面带微笑。一般情况下，握手不必用力，握一下即可。老友间可握得深些、久些或边问候边紧握双手。多人同时握手不要交叉，待他人握后再伸手，依次相握。

(4) 招手。在公共场合远距离看到相识的人或送别客人时，举手打招呼并点头致意。

(5) 鼓掌。这是表示喜悦、欢迎、感激的礼节。鼓掌时双手要有节奏地相击，鼓掌要适时适度。

[行为训练]

常用礼仪训练

(1) 鞠躬。教师设置“接待客户”情境。请一组学生完成下面的任务：首先规范站姿，然后说出欢迎词，行鞠躬礼，再恢复为规范站姿。

(2) 握手。请两名学生上台演示握手的动作，其他同学进行观察。然后请其他人举手发言上台演示者的规范及不规范之处，以便大家共同学习、进步。

握手礼仪的四字口诀：大方伸手，虎口相对，目视对方，面带微笑，力度七分，男女平等。

(3) 递交材料。学生毕业后，都要走入职场。掌握良好的办公职场礼仪，会有助于工作的顺利开展。

1) 设置办公情境。请两名学生，一名扮演经理，一名扮演经理助理，表演进入经理办公室递交材料的场景。其他学生认真观察。

2) 动作要领。经理助理在敲门后，得到经理请进的指示再进入。开关门时，声音不能过大。说明要递交材料的内容，得到经理的答复后再双手递交材料。说话时，要声音响亮，吐字清楚。递交完毕，再询问一下经理有什么其他事情吗。如果没事，说“再见”，再转身开门。

3) 学生分组练习。最后，选出一对学生演示递交材料的规范动作。

知识链接

礼仪知识

介绍是指从中沟通，使双方建立关系的意思。介绍是社交场合中相互了解的基本方法。通过介绍，可以缩短人们之间的距离，以便更好地交谈、更多地沟通和更深入地了解。

（1）自我介绍。在自我介绍的时候，原则上应注意时间、态度与内容等要点。

1）时间。一方面要考虑自我介绍应在何时进行。一般认为，把自己介绍给他人的最佳时机应是对方有空闲的时候、对方心情好的时候、对方有认识你的兴趣的时候、对方主动提出认识你的请求的时候，等等。另一方面要考虑自我介绍应大致使用多少时间。一般认为，用半分钟左右的时间来介绍就足够了，至多不超过 1 分钟。有时，适当使用三言两语，用上不到十秒钟的时间，也可以。

2）态度。在自我介绍时，态度一定要亲切、自然、友好、自信。介绍者应当表情自然，眼睛看着对方或大家，要善于用眼神、微笑和自然亲切的面部表情来表达友谊之情。不要显得不知所措，面红耳赤，更不能一副随随便便、满不在乎的样子。

3）内容。被介绍者的姓名、供职的单位、担负的具体工作等等，被称作构成介绍的主体内容的三大要素。在自我介绍时，其内容在三大要素的基础上又有所变化，具体内容根据不同场合和情况而定。

（2）集体介绍。如果被介绍的双方，其中一方是个人，一方是集体，应根据具体情况采取不同的办法。

1）将一个人介绍给大家。这种方法主要适用于在重大的活动中对职务相对高者、年长者和特邀嘉宾的介绍。介绍后，可让所有的来宾自己去结识这位被介绍者。

2）将大家介绍给一个人。这种方法适用于在非正式的社交活动中，使那些想结识更多的、自己所尊敬的人物的年轻者或职务相对低者满足自己交往的需要，由他人将职务相对高者、年长者介绍给自己；也适用于正式的社交场合，如领导者对劳动模范和有突出贡献的人进行接见。将大家介绍给一个人的基本顺序有两种：一是按照座次或队次介绍；二是按照职务的高低顺序进行介绍。千万不要随意介绍，以免使被介绍人产生厚此薄彼的感觉，影响情绪。

5.3　社会交往礼仪常识

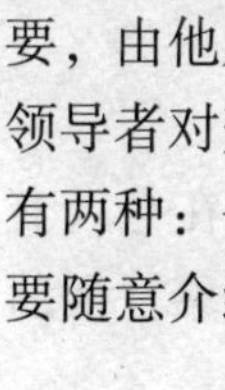

[案例故事]

案例 1：在某机场，因对前后排队的位置有了争议，原本就吵吵闹闹、让人侧目的两个团队的游客，突然变成了更加高亢的互骂，双方激动得面红耳赤，完全不顾自己的素质。一时间谁都劝不住，仿佛骂的声音高了就能胜过对方，不回嘴就是理亏……全然不理会周遭人无声、愤怒的抗议眼神。这个事情在网上经过报道，引来了很多人的议论。

案例 2：职校学生小李，在某银行大堂实习。每天在大堂站着，很辛苦。有时自己累，对来办理业务的市民就没有热情，对来办理或咨询业务的人，爱答不理。没几天，银行经理就收到了几个对他的投诉。经理找他谈话，要小李一定要注意礼仪、热情和态度，否则就不要在此实习了。小李听后，自己在想，我哪做得不好呢?

[析理导航]

从上面的案例中，我们可以真切地感到文明礼仪是何等的重要。各行各业都应该学习和讲究文明礼仪，自觉约束自己，养成良好的习惯。在生活中，如果一个人不讲文明礼仪，在与朋友、亲人的交往中，可能影响不是很突出，但也会让人认为他缺少修养。在社会交往中，一个人的实际表现，不仅代表个人素质和修养，更代表一个单位、团体的素质；尤其是在公务交往中，礼仪会影响业务往来或者合作项目。在国际交往中，个人的文明礼仪还代表一个国家的形象。

社交礼仪是指在人际交往、社会交往和国际交往活动中，用于表示尊重、亲善和友好的首选行为规范和惯用形式。社交礼仪在当今社会人际交往中发挥的作用越来越重要。通过社交，人们可以沟通心灵，建立深厚友谊，取得支持与帮助；通过社交，人们可以互通信息，共享资源，对取得事业成功大有益处。

5.3.1 社交礼仪的功能

从个人的角度来看，学习社交礼仪，有助于提高个人的自身修养；在与人交往中给人留下彬彬有礼、温文尔雅的美好印象，更好地树立起自身的形象，帮助自己顺利地走向社会、融入社会。

从社会角度看，多学社交礼仪，可以帮助个人克服在交际中的胆怯与害羞，增加信心和勇气，使自己知礼懂礼；有助于获取信息，或进行信息交流，适应现代信息社会的需要。

从企业的角度看，礼仪是企业文化、企业精神的重要内容，是企业形象的主要附着点。大凡国际化的企业，都对礼仪有高标准的要求，都把礼仪作为企业文化的重要内容。文明的社交礼仪可以塑造企业形象，提高顾客满意度和美誉度，并最终达到提升企业的经济效益和社会效益的目的。

社交礼仪是一种道德行为规范。规范就是规矩、章法、条条框框，也就是说社交礼仪是对人的行为进行约束的条条框框，告诉你要怎么做、不要怎么做。如到教师办公室办事，进门前要先敲门，若不敲门就直接闯进去是失礼的。社交礼仪比起法律、纪律，其约束力要弱得多，违反社交礼仪规范，只能让他人产生厌恶，但他人不能对你进行制裁，为此，社交礼仪的约束要靠道德修养的自律。

5.3.2　社交礼仪的基本原则

（1）平等原则：社交是在双方互相尊重、地位平等的基础上发展的。

（2）相容原则：与人交往中难免会遇到矛盾或不和谐的地方，这就需要互相包容。有时退一步，可能会化解一场危机。

（3）互惠原则：社交在生活中不可避免，学习好的社交方式是自己在交往生活中互相取利的直接方式。

（4）信用原则：信用是人和人之间敞开心扉的基础，一个拥有高信用度的人在社交中可以得到更多收获。

5.3.3　社交礼仪的应用与要求

社交礼仪是在人际交往、社会交往活动中遵守的规范。这是它的范围，超出这个范围，社交礼仪规范就不一定适用了。

5.3.3.1　保持微笑

微笑是人人皆会流露的礼貌表情，不仅为日常生活及其社交活动增光添彩，而且在经济生活中也有无限的潜在价值。而这“微笑”就是礼仪中最简单、最通常的表达方式，也是人们亲切友好最具美感的表情。

5.3.3.2　谈吐礼仪

应掌握常用交际用语。例如：初次见面应说“幸会”；看望他人应说“拜访”；等候他人应说“恭候”；请人勿送应用“留步”；麻烦他人应说“打扰”；请人帮忙应说“烦请”；求给方便应说“借光”；托人办事应说“拜托”；请人指教应说“请教”；请人解答应用“请问”；求人原谅应说“包涵”；欢迎客人应说“光顾”；老人年龄应说“高寿”；客人来到应用“光临”；与人分别应说“告辞”。

注意运用肢体语言。在人际交往中，语言是一种交流方式，除此之外，还需要大量的非语言沟通，即肢体语言。例如，在交际活动中，恳切、坦然、友好、坚定、宽容的眼神，会给人亲近、信任、受尊敬的感觉，而轻佻、游离、茫然、阴沉、轻蔑的眼神会使人感到不友好、不受重视的感觉。另外，在交际中注意空间距离。人们所在空间分为 4 个层次：

（1）亲密空间：15~46cm，这是最亲的人，如父母、恋人、爱人。

（2）个人空间：46cm~1.2m，一般亲朋好友之间，促膝谈心，拉家常。

（3）社交空间：1.2~3.6m，社交场合与人接触，上下级之间保持距离。保持距离，会产生威严感，庄重感。

（4）公众空间：>3.6m，社交场合与人接触，上下级之间保持距离。

每个人或早或晚都要参加工作，在工作中，必须要注重社会交往礼仪。在进入工作岗位之前，我们作为学生，先要掌握基本的交往礼仪，并加以训练。

[行为训练]

行为训练1　不文明礼仪大排查

请想一想，在日常的人际交往中，他人有哪些令你反感的行为，请列举下来，并改正其中的错误。

行为训练2　文明礼仪情景剧

提前布置任务，让学生寻找有关社交礼仪的情景剧剧本。学生课上再现有关社交礼仪的情景剧，其他学生观看并思考。学生谈感受，教师点评。

知识链接

职场礼仪小法则

（1）招待客人进餐，要注意仪表。

1）穿正式的服装，整洁大方；

2）要做适当化妆，显得隆重、重视、有气氛；

3）头发要梳理整齐；

4）夏天穿凉鞋时要穿袜子；

5）宴会开始之前，主人应在门口迎接来宾。

（2）名片的礼仪。索取名片有以下几种方法：

1）交易法：主动将名片给对方。

2）激将法：递名片时说："能否有幸和您交换一下名片？"

3）谦恭法："不知道以后如何向您请教？"

4）平等法："认识你很荣幸，不知道以后怎么和你联系？"

接受名片时，要站起来，双手接；小声念出对方的姓名、职位以示尊重；同时要有来有往——要将自己的名片给对方。

（3）职场谈话注意法则。

1）不能非议国家和政府；

2）不能涉及国家秘密和行业秘密；

3）不能在背后议论同行、领导和同事——来说是非者必是是非人；

4）不能随意涉及交往对象的内部事务；

5）不能谈论格调不高的内容——家长里短，小道消息，男女关系，黄色、下流故事；

6）不涉及私人问题——过度是一种伤害；

7）不问收入——收入高或与个人能力、企业经济效益有关；痛苦来自比较中，谈论这些问题容易破坏气氛；

8）不问年龄——临近退休的人年龄不能随意问，女士的年龄不能随意问；

9）不问婚姻家庭；

10）不问经历——英雄不问出处，关键是现在；

11）不问健康——个人健康决定事业的发展，因此不可跟人谈健康。

一个人良好的礼仪和形象，就像一本精彩的书的封面，让人感觉你是值得信赖的，从而产生"魅力效应"。

6 尊重，交往的前提

美国心理学家马斯洛在1943年出版的《人类激励理论》一书中，首次提出需求层次理论，认为人类有五个层次的需要，尊重是第四级需要。他认为：尊重需要得到满足，能使人对自己充满信心，对社会满腔热情，体验到自己活着的用处和价值。

6.1 尊重自己

[案例故事]

案例1：张平，学生，高中时学习一直很努力，他没有辜负家长和老师的期望，考上了一所满意的大学。但是到了大学，换了环境，面对不一样的老师同学，面对不一样的学习任务，他迷茫了。他知道要想有个好工作必须好好学习，锻炼自己，可是看到周围有些同学经常逃课、泡网吧、抄作业，他开始动摇了，没有办法专心学习。他发现自己越来越看不清自己了，越来越不认识自己了。

案例2：学生陈丽，性格内向，学习努力。由于中考失利，考到了一所中职校。她到学校半学期了，还是很迷茫，每天除了上课不知道干些什么，看见别人都在讨论一些事，认为不是自己的兴趣爱好，不参加大家的讨论。她想利用课余时间学点什么，充实自己，但也一直没有付出行动。她对未来很迷茫，有时为自己浪费了很多时光而自责。

[析理导航]

尊重，是人的一生修养以及自我内涵的表现，也是人所必须具有的品质。尊重，简单地说，就是一种品德，它反映了一个人的文化素养、道德修养，同时也反映了一个民族的文化底蕴。无论是在学习、工作还是生活中，无论是对同学、老师、领导、同事还是对邻居、朋友甚至家人，我们都应该自觉践行尊重，因为每一个人都希望得到他人的尊重。

你对他人的尊重其实不仅是尊重了他人同时也是尊重了自己，因为尊重也会使他人对你肃然起敬。同学之间、同事之间、邻居之间、师生之间、上下级之间要学会互相尊重，夫妻之间也应该互相尊重。越是亲近的人，你说话越不能放肆，因为越是亲近的人越容易受到伤害。在我们的学习生活中，教师对学生的尊重会显示出教师的涵养，学生干部对同学的尊重会有助于班级团结。

如何能得到他人的尊重呢？首先我们要学会尊重自己。

尊重自己，说起来容易，做起来可不简单。爱护身体，珍惜健康，是尊重自己之本；言谈举止，是我们在他人心目中形象的一部分，注意言行，是尊重自己的表现；情感，人生中宝贵的东西，尊重内心正面的、积极的真情实感，更是尊重自己的表现；遵守纪律和规矩，避免受到纪律处分，是尊重自己的行为表现；努力学习和工作，创造骄人的业绩，是尊重自己、值得他人尊敬的重要途径。

尊重犹阳光之于冰雪，可以化解矛盾；尊重犹桥梁之于两岸，可以沟通心灵；尊重犹火炭之于双手，可以温暖人心。尊重自己如此重要，我们应该学会自尊。我们往往容易忽略生活中的一些细节，而这些细节，恰恰关系自尊。想要尊重自己，我们首先要认识自己。

6.1.1 尊重自我

自己对自己的认识具体包括对自己生理状况的认识，如外貌、身高、体重；对自己心理特征的认识，如爱好、能力、气质；对自己与周围环境关系的认识。“知己知彼，百战不殆”。只有客观、清醒地认识自己，才能更好地做到自尊自爱。

那么怎么才能客观地认识自己呢？有以下几种方法：

（1）通过他人评价认识自己。我们都知道“旁观者清”。在认识自己的过程中，我们要主动向他人了解自己。要虚心听取他人的评价，同时又要客观、冷静地分析他人的评价，从多角度来认识自己。

（2）通过社会比较认识自己。自我观察和他人评价难免会有各自的主观投射，因此可以通过合理的社会比较更好地认识自己。我们把现在的自己与过去的自己进行纵向比较，把自己与同龄人或者有类似条件的人进行横向比较，通过全面的纵横社会比较来正确认识自己。通过比较，如果发现了自己的缺点和不足，要积极改进；如果发现了自己的优点，则要继续保持。

（3）通过社会实践认识自己。可以通过参加各种活动，根据各种活动过程与结果来认识自己。通过与他人的合作提高自己的人际沟通能力，通过组织开展活动来提高自己的组织管理能力；通过读书活动，判断自己知识的掌握程度，及时地查漏补缺；等等。总之，通过各种具体的活动分析自己的表现、能力、特长以及不足，更加客观地认识自己。

(4) 通过反思总结认识自己。在以上四个方法中，我们都是在发现和认识自己，很多人也的确是这么做的，但是这么做之后，还是不太清楚自己是一个什么样的人，所以，我们还需要经常反思和总结自己。多写日记，多记录，及时归纳、总结自己的优点与不足，更好地把握生理自我、心理自我和社会自我。

6.1.2 充实自我

想要赢得他人的尊重，需要充实自己、强大自己、提高竞争力和个人魅力。

当你步入新的人生阶段，有没有感到时光匆匆？你是什么样的感受？在过去的时光里，你是怎么度过的？是虚度光阴还是充实而过？不管过去你是如何度过的，从现在起，抓住每一分每一秒，充实自我。

6.1.2.1 确定目标

“世上无难事，只要肯登攀”，在中华传统美德中，立志是一个重要的话题。志，是一个人做事的意向和决心，意向不明确，决心不坚定，或虽有志向与决心而不去努力，那是不能达到目的成就事业的。所以，成功与否，前提在于是否有志，是否有目标。

在一百多年前，一位穷苦的牧羊人带着他的孩子，在山坡上看见一群大雁飞过。小儿子问：“它们要去哪里？”牧羊人说：“去一个温暖的地方安家。”大儿子说：“要是我能飞多好！”牧羊人说：“只要你想，你们也会飞起来。”儿子们尝试无效。牧羊人说：“只有插上理想的翅膀，树立坚定的目标，才可以飞向你们想去的地方。”两个儿子牢牢记住了父亲的话，并一直为目标努力着，后来他们果然飞起来了。因为他们发明了飞机，他们就是美国著名的莱特兄弟。

树立目标是重要的，但设定的目标要切合实际，切勿好高骛远。

作为学生，目前的重要任务就是学习科学文化知识，我们的目标就是把学习成绩提高。目标太高也是不合适的，比如可以将目标设定为我们的第一次月考，你打算考入第几名？第二次呢？第三次呢？只要每次都前进一步，就说明自己已向目标迈进一步。进步后切忌骄傲自满。因为我们不仅要和自己做比较，还要不断地与身边人做比较。

6.1.2.2 学会计划

确定好目标后，我们还要制订计划，而不是凭心情想到什么做什么。什么时间做什么事，先做什么后做什么，都要提前做好计划。俗话说“不打无准备之仗”，要学会合理安排时间，做事情先易后难。

[行为训练]

行为训练1 风采墙

任务单：以班级为单位，认识自己，发现自己的美，每位学生用相机或者手机拍一张照片，在教室的墙壁上制作成班级照片墙。

任务目的：通过为自己、为他人拍摄照片，发现自己的美、他人的美，把美丽的瞬间留在镜头里，留在心中。

任务要求：每位学生都应积极完成任务；由班级组织印刷或将照片洗出，精选后，贴在墙上，如图6-1所示。

图6-1 风采墙

行为训练2 给力未来

任务目的：

(1) 引发学生对“未来的我”的思考，树立目标意识，让目标成为自己的行为指南，实现自我。

(2) 帮助学生体会目标的重要，学习确定目标，实践目标激励。

(3) 学会澄清并明确近期目标，懂得分清主次。

(4) 在澄清自己的目标时，与同龄人彼此借鉴与比较，彼此启发，互相学习。

任务准备：印制学生活动记录卡（见图 6-2）；准备白纸、彩笔；将学生 5~6 人分成一个组。

活动内容：

（1）目标阶梯。每一个人拿到一架通向未来的“目标阶梯”（见图 6-2）。请试着填一填，按照个人的想法，依优先次序加以排列，最优先者在最上面，最无关紧要者在最下面。如：想提高学业成绩——分数；想结交更多的朋友——友谊；想学习改变自己——进步；想使自己心情变得更好——快乐；想长大后成就一番事业——成就……

“给力未来”活动记录卡

姓名：______班级：______学号：______组长：______

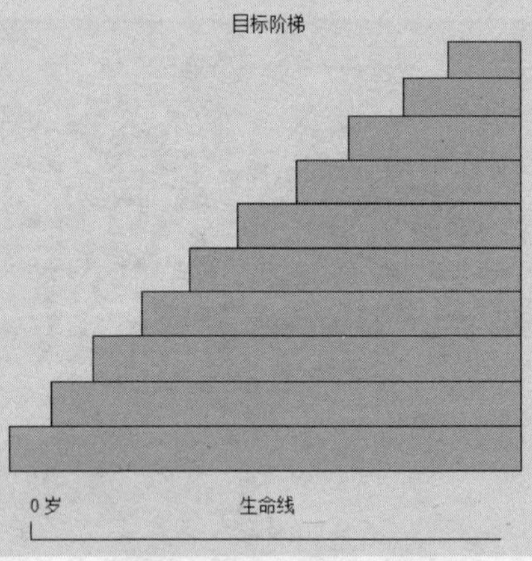

图 6-2　活动记录卡

教师在巡视过程中，了解学生有无目标、目标是否明确等情况。可以指出问题：有的学生没有目标；有的学生目标过于远大、抽象等。

（2）让未来不是梦。每位学生画一条直线（生命线），代表自己的生命历程。左侧画上起点代表生命的开始，根据自己的健康情况、家族的健康情况及所在区域的平均寿命预测的死亡年龄，在直线的右侧画上希望自己活到多少岁。此时，一条直线变成了线段，生命变成了有限的时间段。

在此线段上找到自己现在的年龄位置，做上标记。

冷静思考一下在过去的日子里最难忘的三件事，记录下来，并用一句话概括曾经走过的岁月。

从现在开始，今后的路还很长，思考你计划将今后的生活分成几个阶段？每个阶段最想实现的目标是什么？在每个阶段，写下一个或几个最希望实现的目标，以及为了实现目标要做的事。

展示和讲述生命线。要求其他学生学会听、学会理解和感悟，可以借鉴他人的目标修改自己的目标。

（3）目标阶梯通向未来。在生命线的描绘中，我们为未来的自己描绘了美好的蓝图。为了美好的明天，我们要从今日做起，让目标阶梯引领我们通向未来。

针对生命线中最近一个阶段的三个目标，在目标阶梯图上，细化为近期小目标，完善目标阶梯图。（提示：教师在巡视过程中，要注意指导学生分清目标的远近、主次。）

6.2 尊重他人

人的内心里都渴望得到他人的尊重，但只有先尊重他人才能赢得他人的尊重。尊重他人是一种高尚的美德，是个人内在修养的外在表现；尊重他人是一种文明的社交方式，是顺利开展工作、建立良好社交关系的基石。

[案例故事]

在美国，一个颇有名望的富商在散步时，遇到一个瘦弱的摆地摊卖旧书的年轻人，他缩着身子在寒风中啃着发霉的面包。富商怜悯地将 8 美元塞到年轻人手中，头也不回地走了。没走多远，富商忽又返回，从地摊上捡了两本旧书，并说："对不起，我忘了取书。其实，您和我一样也是商人！"两年后，富商应邀参加一个慈善募捐会时，一位年轻书商紧握着他的手，感激地说："我一直以为我这一生只有摆摊乞讨的命运，直到你亲口对我说，我和你一样都是商人，这才使我树立了自尊和自信，从而创造了今天的业绩……"不难想象，没有那一句尊重鼓励的话，这位富商当初即使给年轻人再多钱，年轻人也很难出现人生的巨变，这就是尊重的力量啊！

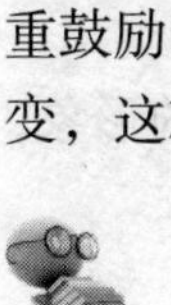

[析理导航]

尊重他人是一种高尚的美德，是个人内在修养的外在表现。为明星运动员呐喊与喝彩是尊重，给普通运动员以鼓励和掌声同样是尊重；在生活中，对各级领导的崇敬是尊重，对同事、对下级、对普通的平民百姓以诚相待、友好合作、倾听他们的声音，同样是尊重；当他人功成名就时给以赞扬而不是贬低是尊重，对情趣相投的人真诚相待是尊重，对性格不合的人心存宽容同样也是尊重……尊重他人是一个人的思想修养好的表现，是一种文明的社交方式，是顺利开展工作、建立良好的社交关系的基石。对上级、同事、下级、平民百姓尊重，有利于对上负责和对下负责一致性，有利于密切党群关系、干群关系，有利于团结合作、提高工作效率；对家人的尊重，有利于和睦相处，形成融洽的家庭氛围；对朋友的尊重，有利于广交益友，促使友谊长存。总之，尊重他人，生活就会多一分和谐，多一分快乐。

6.2.1 尊重他人的表现

（1）对待他人要有礼貌。与人见面时，要注意自己的形象，要用文明用语。如在校园中遇到同学和教师，要主动点头微笑说“你好”。

（2）尊重他人的劳动。他人的劳动成果每个人都不可以破坏，随意破坏会影响他人，乃至集体、社会对自己的看法。校园中保洁人员辛苦打扫好的卫生，不要随意破坏、乱丢垃圾，注意维护环境卫生就是尊重保洁人员的劳动成果。

（3）尊重他人的人格，不做有损他人人格的事情。不要把自己的罪恶施加到他人身上，也不要到处宣扬他人的弱点、缺陷，使他人丧尽自尊。这是一个很严重的问题！同学之间不要随意取侮辱他人人格或嘲笑他人缺陷的绰号，损害同学情谊。

（4）善于站在他人的角度，感同身受，推己及人。有时自己和他人都想要某样东西时，要想想他人的感受，如果自己可以不要，尽量让给他人。自己在侮辱他人时也要这么想一想，要知道被侮辱的感觉很不爽，任何人都一样。多站在他人立场想事情，不仅有助于减少误解，更能促进相互体谅。

（5）要善于欣赏他人，接纳他人，不能够嘲笑他人的缺点与不足。寸有所长、尺有所短正是这个道理，每个人都会有缺点与不足。因此对待他人不如自己的地方，要能接纳、不排斥，也允许他人有超越自己的地方。三人行，必有我师。人人身上都有发光点，要善于发现和学习。

（6）要遵守对他人的诺言。这是一个信誉的问题，你在对方心目中的形象，可以从诚信方面看出来。如果你不能对他人保持诚信，他人也不会尊重你。

6.2.2 尊重他人的注意事项

（1）与人交谈要注视着对方，眼光不要飘忽不定。这是一种尊重，也是一种习惯，有人在与他人交谈的时候总是眼睛看着别处，这样给人的感觉是你没有认真听他讲话，或者说对于他的情况一点也不在意。尊重中有个“重”字，这就表示重视，没有重视何来“尊”字？希望大家注意到这一点，最起码要有眼神交流。

(2) 他人表达观点适时肯定，不要随意打断。倾听他人讲话，是尊重对方的表现。他人在讲话时，不要轻易打断；如果对他的话有异议，也要先让他把他的想法表达出来，然后再表达自己的想法。否则，自己既容易“断章取义”，又不够尊重对方。他人的思想总有可取之处。交谈中，在适当的情况下你可以表达自己的看法，可以适当肯定与讨论，这样表示你在思考，不可一味否定他人。

(3) 不挖苦他人，揭露他人的短处。每个人都有自己的自尊心，他人的底线不要去触碰。他人的过错与失误，甚至曾经的失败等属于他人的隐私，不要通过这些事情去挖苦他人，让他人难堪。而他人的短处更是其痛楚，如果你把这些说出来更会让人不安，破坏关系。

(4) 不要轻易评论他人。比如他人穿着什么衣服、梳理着怎样的发型等，这些都是个人的喜好，你无权干涉也不需要评论。评论如同议论，无论人前人后，都应该把持一个做人的准则，闲谈莫论人的是与非。

[行为训练]

行为训练 1　请您稍微远一点

任务规则：

(1) 教师将班级所有人按照两人一组的标准进行分组，让每组中的两个组员面对面站立，间隔 2 米左右。

(2) 让两个人一起向对方走去，指导其中一个人（比如 A）认为到了比较合适的距离（即再往前走，他自己会觉得不舒服）停下。

(3) 让小组中的另一个（比如 B），继续向前走去，直到他自己认为不舒服为止。

(4) 现在每个小组都至少有一个人觉得不舒服，事实上，也许两个人都觉得不舒服，因为 B 觉得他侵入了 A 的舒适区，没有人愿意这样。

(5) 现在请所有学生回到座位，教师讲解四级自信模式。

(6) 将所有的小组重新召集起来，让他们按照刚才的站法站好，然后告诉 A 们（不舒服的那一位），现在他们进入自信模式的第一阶段，即很有礼貌地劝他的同伴离开他，例如“请您稍微站开点好吗？这样让我觉得很不舒服！”注意：

要尽可能地礼貌，面带微笑。

(7) 告诉B们，他们的任务就是对A们笑笑，然后继续保持那个姿势，原地不动。

(8) A们中现在已经有很多人对他们的搭档感到恼火了，他们进入第二级，有礼貌地重申他的界限，比如“很抱歉，但是我确实需要大一点的空间。”

(9) B们仍然微笑，不动。

(10) 现在告诉A们，他们下面可以自由选择怎么做，以此来达到目的，但是一定要依照四级自信模式，要有原则，要控制你的不满，尽量达成沟通和妥协。

(11) 如果你们已经完成了劝服的过程，互相握手道歉，回到座位上。

任务目的：自信的人总是那些能坚持自己原则，按照自己的价值观生活的人，但是坚持自己和尊重他人是否冲突呢？本活动就是要求证这一点。

小组人员：____

小组讨论：(1) 当别人跨越到你的区域的时候，你是否会觉得很不舒服？如果别人不接受你的建议，不离你远一点，你会有什么感觉？

____

____

____

____

(2) 是不是每一组的B都退到了令A足够满意的地步？是不是有些是A和B妥协以后的结果？

____

____

____

____

(3) 有多少人采用了全部的四级自信模式？有没有人只采用了一级，对方就让步了？有没有人是直接跳到了第四级，例如破口大骂的？

____

____

____

____

行为训练2“照镜子”表演

两人一组，一人做友好的笑、挑衅、生气皱眉、大喊大叫等表情，另一人假设是镜中的影像，尽力逼真地模仿出来。

通过参与该行为训练，经过思考，写下自己的体会和感悟。

____

____

____

____

6.3 构建和谐的人际关系

社会学将人际关系定义为人们在生产或生活活动过程中所建立的一种社会关系。心理学将人际关系定义为人与人在交往中建立的直接的心理上的联系。中文中人际关系常是人与人交往关系的总称，也被称为“人际交往”，包括亲属关系、朋友关系、学友（同学）关系、师生关系、雇佣关系、战友关系、同事及领导与被领导关系等。人是社会动物，每个个体均有其独特的思想、背景、态度、个性、行为模式及价值观，而人际关系对每个人的情绪、生活、工作都有很大的影响，甚至对组织气氛、组织沟通、组织运作、组织效率及个人与组织的关系都有极大的影响。

6.3.1 人际交往的重要性

（1）人际交往促进深化自我认识。在我们的交往活动中，有时候两方面的评价会有一定的差距，不少人会因此而产生烦恼。这就要求我们要善于调节两方面的评价，全面提高自己的综合素质。正确的自我认识，有助于我们找到自己的社会位置，扮演好自己的社会角色。

（2）人际交往促进社会化进程。人际交往是社会发展的必然产物，也是社会发展的基本前提。没有人际交往过程中所形成的各种各样的网络关系以及人们所担当的各种各样的社会角色，社会就不成其为社会，发展也无从谈起。

人际交往与我们密不可分，是我们生活的一部分，贯穿生命的始终。良好的人际交往能力是青少年社会化的起点，是其将来在社会立足的生存需要，也是其为社会做贡献的本领。

（3）人际交往是实现人生价值的桥梁。人生的意义在于奉献，人际交往是我们奉献的桥梁。良好的人际交往，能让我们掌握更多社会的信息，知道人民的生活和需要，保持和人民大众的血肉联系，才能更好地为人民服务。

6.3.2 人际交往的前提

（1）尊重。尊重他人就是要尊重他人的生活习惯、兴趣爱好、人格和价值。

只有尊重他人才能得到他人的尊重。

（2）真诚。只有以诚待人，才能产生感情的共鸣，才能收获真正的友谊。没有人会喜欢虚情假意。

（3）宽容。在人际交往中，难免会产生一些不愉快的事情，甚至产生一些矛盾冲突。这时候我们就要学会宽容他人，不斤斤计较，正所谓退一步海阔天空。人不犯我，我不犯人。人先犯我，礼让三分。不要因为一些小事而陷入人际纠纷，这样会让我们浪费很多时间，同时也让我们变得自私自利，变得很渺小。

（4）互利合作。互利是指双方在满足对方需要的同时，又能得到对方的报答。人际交往永远是双向选择和互动。你来我往，交往才能长久。在交往的过程中，双方应互相关心、互相爱护，既要考虑双方的共同利益，又要深化感情。

（5）理解。理解是成功的人际交往的必要前提。理解就是我们能真正地了解对方的处境、心情、好恶、需要等，并能设身处地地关心对方。有道是“千金易得，知己难求”，人海茫茫，知音可贵啊！善解人意的人，永远受人欢迎。

（6）平等。与人交往应做到一视同仁，不要嫌贫爱富，不能因为家庭背景、地位职权等原因而对人另眼相看。平等待人就不能盛气凌人，不能嚣张。平等待人就是要学会将心比心，学会换位思考。只有平等待人，才能得到他人的平等对待。

（7）信用。言必信，行必果。“人，无信不立”、“言而无信非君子”。要取信于人：第一，要守信，言行一致，说到做到；第二，要信任，不仅要信任他人，而且要争取赢得他人的信任；第三，不轻易许诺；第四，要诚实，答应他人的事要尽量做到，做不到的要讲清楚，以赢得对方的理解；第五，要自信，给他人以信赖感和安全感。

6.3.3 构建和谐人际关系的要点

（1）感情愉悦。大家彼此喜欢和对方交往，并能从交往的过程中有所收获，交往可以良性循环地进行下去。如果交往变成了负担，变成了没有意义的、纯粹是浪费时间的活动，那这样的交往不会长久。感情愉悦往往作用于交往的前期。

（2）价值观相似。交往的过程中，彼此的价值观相似，不仅可以得到支持和共鸣，而且可以预测对方的行为倾向，这样，双方就比较容易适应。价值观相似在交往的后期起很大的作用，很多人因为价值观的分歧而最后分道扬镳。

（3）慎重给他人提建议。在他人没有征求意见的时候，不要轻率地说出自己的建议或意见，无论这些建议有多好。有些时候，他们将困难或不愉快说出来，只是想倾诉一下。“解铃还须系铃人”，解决问题的方法或手段，还是要靠他自己去想，而不是依靠外人。如果他人来征求建议，你也不要替他定主意，可以提出一些“初步想法”，仅供他参考，最终的主意要让他自己定。

(4) 善于倾听他人说话。这一点很关键的，在与他人交流的时候，仔细认真地听对方说话，你就能够很准确地理解和领会对方想要表达的思想，以及说话的目的，这样你就能够准确地表达自己的思想和观点，能够很好地与人交流和沟通，达到事半功倍的效果。

(5) 换位思考。做什么事都要换位思考。遇到事情时，不妨站在对方的角度去思考问题，从对方的角度出发，想想我们这样做了对方会如何想，以及由此引发的后果，这样我们就能够想清楚问题，把事情做到最佳。假如对方是领导，更应该注意这一点，但前提是必须把自己的思维上升一个高度。养成这样的思维习惯后，在很多问题的处理上，就能轻松自如，恰到好处。

6.3.4 人际交往技巧

(1) 交谈。一次成功的交谈不仅取决于交谈的内容，而且更多地取决于交谈者的神态、语气和动作等。同样的一句话，用不同的语调说出会有不同的效果。所以在交谈的时候我们要表示自己的友善之心，不要盛气凌人。同时，不要没完没了地说个不停，应给对方说话的机会。不能随便打断他人的谈话，忽视他人的感觉。

(2) 聆听。聆听也是一门艺术。聆听即需要我们耐心地倾听，同时要做出适当的反应。聆听时应当注意集中精神、表情自然，经常与对方交流目光，适当地用嘉许的点头、微笑来表示你很乐意倾听。这样，对方才会更有信心地继续讲下去。如有疑问，我们也可以提出一些富有启发性的问题，这样，对方会感到你对他的话很重视。

(3)“三A”法则。美国学者布吉林教授等人，曾经提出一条在人际交往中成为受欢迎人的“三A”法则。第一个A(Accept)：接受对方；第二个A(Appreciate)：重视对方；第三个A(Admire)：赞美对方。

(4) 目光接触。目光接触是人际间最传神的非言语交往。“眉目传情”、“暗送秋波”等成语形象地说明了目光在人们情感交流中的重要作用。在交往活动中，听者应看着对方，表示关注；而讲话者不宜再迎视对方的目光，除非两人关系已密切到了可直接“以目传情”。讲话者说完最后一句话时，才将目光移到对方的眼睛。这是在表示一种询问“你认为我的话对吗?”或者暗示对方“现在该轮到你讲了”。

(5) 衣着。在谈判桌上，人的衣着也在传播信息。意大利影星索菲亚·罗兰说："你的衣服往往表明你是哪一类型，它代表你的个性，一个与你会面的人往往会不自觉地根据你的衣着来判断你的为人。"衣着本身是不会说话的，但人们常在特定的情境中以穿某种衣着来表达心中的思想和建议要求。

(6) 体势。达·芬奇曾说过，精神应该通过姿势和四肢的运动来表现。同样，人际交往中，人们的一举一动，都能体现特定的态度，表达特定的涵义。有专家认为，身体的放松是一种信息传播行为。向后倾斜15度以上是极其放松。人的思想感情可以从体势中反映出来，略微倾向于对方，表示热情和兴趣；微微起身，表示谦恭有礼；身体后仰，显得若无其事和轻慢；侧转身子，表示嫌恶和轻蔑；背朝人家，表示不屑理睬；拂袖离去，则是拒绝交往的表示。

(7) 声调。有一次，意大利著名悲剧影星罗西应邀参加一个欢迎外宾的宴会。席间，许多客人要求他表演一段悲剧，于是他用意大利语念了一段"台词"，尽管客人听不懂他的"台词"内容，然而他那动情的声调和表情，凄凉悲怆，不由得使大家流下了同情的泪水。可一位意大利人却忍俊不禁，跑出会场大笑不止。原来，这位悲剧明星念的根本不是什么台词，而是宴席上的菜单。

恰当、自然地运用声调，是顺利交往的条件。一般情况下，柔和的声调表示坦率和友善，表示同情时略为低沉，在激动时会有颤抖。不管说什么样的话，如果总是阴阳怪气的，就会显得冷嘲热讽；用鼻音哼声往往表现傲慢、冷漠、恼怒和鄙视，是缺乏诚意的，会让人不快。

(8) 礼物。礼物的真正价值是不能以经济价值衡量的，其价值在于沟通了双方之间的友好情意。在你生日时送你一束鲜花，你会感到很高兴，与其说是花的清香，不如说是鲜花所带来的祝福和友情使你陶醉，而自己买来的鲜花就不会引起如此愉悦的感受。

在人际交往过程中，赠送礼物是免不了的，向对方赠送小小的礼物，可增添友谊，有利于巩固彼此的关系。那么大概多少钱的东西才好呢？在大多数场合，不一定是贵重的礼物会使受礼者高兴。相反，过于贵重，反而会使受礼者觉得过意不去，倒不如送点富有感情的礼物，这样更会使交往对象欣然接受。

(9) 时间。在一些重要的场合，重要人物往往姗姗来迟，等待众人迎接，这才显得身份尊贵。然而，以迟到来抬高身份，毕竟不是一种公平的交往，这常会引起对方的不满进而影响彼此之间的合作与交往。

赴会一定要准时，如果对方约你7点见面，你准时或提前片刻到达，体现交往的诚意。如果你8点才到，尽管你口头上表示抱歉，也必然会使对方不悦，对方会认为你不尊重他，无形之中为人际交往设下障碍。

(10) 微笑。微笑来自快乐，它带来的快乐也创造快乐，在交往过程中，微微笑一笑，双方都能从发自内心的微笑中获得这样的信息："我是你的朋友。"微笑虽然无声，但是它说出了许多意思：高兴、欢悦、同意、尊敬。在日常的人际交往中，请时时处处把"笑意写在脸上"。

知识链接

关于人际交往的心理学效应

（1）首因效应。在人际交往活动中，人们会很重视开始接触到的信息（包括容貌、语言、神态等），至于后面的信息就显得不是那么重要了，这种心理称为首因效应。首因效应启迪我们一方面要给他人留下良好的第一印象，另一方面又要在以后的交往中纠正对他人第一印象的不全面的认识。

（2）近因效应。近因效应是指最近一次交往的印象对人们的认识所产生的影响。最近一次交往留下的印象，往往是最深刻的印象。一般而言，熟人之间的交往近因效应会发挥较大的作用，因此我们平时应该注意给人留下良好的印象。

（3）光环效应。光环效应又称晕轮效应，是指在交往的过程中，人们往往会从对方的某个优点而泛化到其他有关的方面，由不全面的信息而形成完整的印象。光环效应往往对恋爱的双方起更明显的作用，正所谓情人眼里出西施。

（4）投射效应。投射效应是指在交往的过程中，人们总是假使他人和自己有相同的倾向，即把自己的特性投射到他人身上，从而形成对他人的印象。有时候，我们对他人的猜测，无形中透露的正是自己。所以，我们不要瞎猜他人的坏处，不要那么小心眼。

（5）刻板效应。刻板效应是社会上对于某一类事物或人物的一种比较固定、概括而笼统的看法。在人际交往中，我们有时会把对某一类人物的整体看法强加到该类的每一个个体上而忽视个体特征。刻板效应有利于总体评价，但对个体评价会产生偏差。比如，农村来的学生认为城市来的学生见识广，而城市来的学生认为农村来的学生见识狭隘。这种认识，存在偏见，不利于同学间的融洽。

[行为训练]

行为训练1　绘画高手

任务规则：（1）全班按照人数分成四组，每组推选一名组员上讲台。

（2）上讲台的人蒙上眼睛，在黑板上的指定位置上画出自己的脸谱，限时五分钟，本组组员可给出相应提示，但是不能直接帮助作画，只能口头帮助。

(3) 时间结束后，画画的人回到自己的位置，全班共同评选出最佳画作。

任务目的：与人沟通是一门实践性很强的学问和艺术，沟通能力的提高仅靠书本上的知识是远远不够的，必须通过实践经验的总结不断提高。因此，本行为训练设计了具体的沟通主题，选择一定的背景和场景，给特定的沟通对象，让学生深入第一现场，以提高实际沟通能力。同时在活动中还不断鼓励他们加强自我训练，不断学习，帮助他们养成良好的沟通技巧，进而达到维持良好的人际关系的效果。

分组与讨论：

小组人员：____________________

小组讨论：(1) 在沟通中，如何表达能让对方接受并采纳？

____

____

____

____

(2) 在多重指令下，你如何选择出有效的指令？

____

____

____

____

行为训练2　众矢之的

任务规则：

(1) 全班用抽签的方式，选出三名同学走出教室。

(2) 第一名同学进教室，进来时，不管他向同学们说什么，全班同学都不要理他。

(3) 第二名同学进教室，进来时，不管他向同学们说什么，其他同学都要反对他的意见。

(4) 第三名同学进教室，进来时，不管他向同学们说什么，其他人都要打断他的话。

任务注意事项：

(1) 教师注意控制活动时间。

(2) 活动中可能会出现同学之间的冲突，教师要注意引导强调，这只是一次行为训练，同学的反应可能不是他真实的反应。

(3) 教师应事先准备一些话题与问句，在同学进来的时候需要他向其他同学陈述。

分组与讨论：

小组人员：________________________________

小组讨论：（1）有三位同学感受了不被他人尊重和接纳的情况，你在活动中有哪些感受？

____

____

____

____

（2）其他人扮演了不尊重和不接纳他人的角色，你的感受是怎样的？

____

____

____

____

（3）在平时的学习生活中，我们有哪些语言和行为表示出了对他人的不尊重和不接纳？应该如何避免这些行为？

____

____

____

____

7 交友，人生的智慧

友情，是人生宝贵的财富。交友，是必不可少的人际行为。择友，是必须认真对待的选择。“近朱者赤，近墨者黑”，青春年少的学生，交友需要慎重，交友需要真诚，交友需要智慧。

7.1 真正的友谊

人们常说：“在家靠父母，出门靠朋友。”朋友是我们可以信赖的人。自古以来，数不清的文人墨客歌颂朋友。友情，是青少年情感生活中重要的组成部分，朋友既可以分享喜悦，也可以分担忧愁。

[案例故事]

小夕在进入新学校后，感觉非常不适应。第一次离家的她，对于学校住宿生活非常不习惯，虽然想念父母，但因为联系不便也没法跟父母诉说。小夕是开学一周以后才到现在的班级报到的，其他的同学已经在开学一周内对彼此有了一定的了解，形成了各自的“朋友圈”。小夕认为自己融入不进去，所以没有主动了解其他同学，也不去与他们交流。她觉得以前的朋友千好万好。小夕在新学校的生活越来越孤单，越来越压抑，常常一整天也说不了一句话，像个隐形人一样，难过了就会深夜躲在被窝里哭泣。

[析理导航]

小夕的问题，反映的是她对新环境的适应有障碍，不能融入新环境，不能建立和谐的人际关系，直白点说就是小夕把自己封闭起来，不去与人交往。如果我们是小夕的同学，我们应该以各种方式邀请小夕参与我们的活动，常常和小夕交流，一点点地帮她卸下心防，帮助她融入大家庭之中。

7.1.1 朋友的概念

朋友，是指有过交往并在彼此之间产生好感、值得信赖的人。

朋友可以存在于同龄人之间（朋辈），也可以存在于不同年龄的人之间（忘年交）；可以存在于具有血缘或婚姻关系的人之间（亦亲亦友），也可以存在于没有血缘或婚姻关系的人之间（非亲非故）；可以存在于具有一定组织关系或人际关系的人之间（如亦师亦友），也可以存在于没有任何前提关系的人之间（萍水相逢）。

朋友之间在交往过程中建立起来的友好情感，称之为友谊或者友情。

朋友的形成或者友谊的产生一般会经历以下几个环节：

相遇→交往→沟通→信任→朋友

7.1.2 中职生朋辈友谊的特殊性

（1）朋友之间的友谊是人的一种心理需要。美国心理学家马洛斯提出了人的需求层次理论，认为人的需求可以分成生理需求、安全需求、社交需求、尊重需求和自我实现需求五类，这五类需求依次由较低层次到较高层次排列。其中社交需求处在人的需求的中间位置，即人在满足了基本的生理需求和安全需求后，就会凸显出社交需求，即满足情感上的需要。因此，友情是一种非常重要的情感需要，它一般摆脱了血缘关系或利害关系，是人类美好心灵的体现。生活在友谊浓厚氛围中的人，他会感受到生活的美好，从而产生积极的向往、乐观的追求；反之，生活在孤独的世界中，失去了友谊或从未体验到任何友谊的人，他就会觉得这个世界“凄凄惨惨戚戚”，产生冷漠感，甚至滋生悲观厌世的情绪。可以说，同龄朋友（有时称之为朋辈）交往是中职生心理健康成长的重要条件。

（2）中职生对同龄朋友的倾向性。对于中职生来说，由于特定的年龄阶段和社会生活内容，其社会交往或交友更多地发生于同龄人或同辈人之间，这种同龄朋友对于中职生的成长影响明显。

进入青春期后，青少年逐渐淡化对父母的依恋，渴求被看做是独立的成年人，情感重心慢慢从家人转移到同龄人中。这时友情便成为了青少年摆脱家庭依赖后的情感寄托。青少年会力求像大人一样处理事情、与人交往，想在朋友那儿得到理解与支持，特别是在生活、学习上碰到困难时，便更加渴望能从真挚、纯洁的友情中得到安抚和慰藉。

（3）同龄朋友交往可以增强中职生对自身的认识与肯定。青少年的友谊一般发生在与自己的“理想自我”十分接近的同学之间。一方面，青少年把理想形象无意中投射到朋友身上，使其成为自己“见贤思齐”的榜样；另一方面，青少年又会以朋友为镜来对照自己、解剖自己甚至塑造自己。可以说，青少年往往就是在这种相互激励、相互影响、相互学习之中获得提高的。正如日本心理学家津留宏所指出的："这样的朋友关系，相互影响是极大的。恐怕一生中在人格上受朋友影响最大的时期，就是这个时期。"

（4）中职生同龄交往的纯洁性。人们交往的未必都能成为朋友，出于追求自我利益而聚集在一起的没有真正的友谊。中职生正处于青年初期、求学阶段，他们经历简单、思想单纯，在建立友谊时首先关注的是自己与对方能够有共同的心理倾向，有共同的话题、共同的爱好、共同的兴趣等。随着年龄的增长，青少年渴求一种更为密切的、友爱的关系，可以分享成熟的感情以及一致的思想观点。

（5）同龄朋友交往是中职生走向社会化的必要途径。同龄朋友是中职生重要的人际关系，学习处理好这些人际关系是其提升社会交往能力、学习适应社会的重要过程。结交朋友可以获得力量，建立自我。从朋友身上，中职生可以学会必要的个人技能、社会技能及获得对社会的认识，这有助于他们融入更为广阔的成人世界。

7.1.3 真正友谊的特征

（1）真诚。真诚是与人交往的前提。带有明确个人利益的接触、试探，是不会产生纯洁的友谊的。

（2）平等。成为朋友的双方，必须是平等的。这里所说的平等，是说双方的人格应该是相对平等的，而不是说地位、身份上的平等。人们之间，不论是同龄或同辈人之间，还是其他关系之间的人，如果没有人格上的平等，那种完全命令与服从的关系环境中难以产生或存在真正的朋友与友谊。

（3）理解。朋友应该是相互理解的，这个理解是建立在长期相处、相互了解的基础上的。理解与认同才可能产生和保持友谊。

（4）信任。彼此信任才能成为朋友，信任是友谊的必要因素。不论接触的频率如何，朋友关系总归说是一种很密切的关系，这种关系需要信任来维系。有了信任，才能无话不说，才能分享秘密、感情，才能在生活、学习、工作中相互扶持。

[行为训练]

行为训练1　友情回忆录

任务单：回忆一下你曾经的好朋友，无论是小时候的玩伴，还是以前上学时的同桌，回想一下你们是怎么成为朋友的，回忆你和朋友一起做过或者经历过的最难忘的事情，思考你最欣赏他（或她）的地方。

任务目的：通过对好朋友的回忆体会友情的来之不易，感恩朋友为自己所做的，更加珍惜友情。通过思索最欣赏好友的地方来发现“理想自我”的样子，加深对自己的了解。

任务要求：每个人都应该积极地回忆，在回想思索完毕后以小组为单位进行分享。

活动内容：

（1）经历回想。

组员姓名：

好朋友是谁：

1）和好朋友是怎么认识的？

2）怎么成为好朋友的？

3）和好朋友一起做过或者经历过的最难忘的事情是什么？

（2）发掘理想的自我。

1）最欣赏好朋友的地方：

2）欣赏的好朋友的特点在自己身上是否有所体现？

行为训练 2　朋友大拍卖

任务规则：由教师事先准备足够多的卡片，卡片上面写上代表性格特点的名词，如热情、勤奋、孝顺、开朗、温柔、软弱、懦弱、自私、胆怯等，保证有褒义词也有贬义词。将学生分成几个小组，8~12 人一个小组最佳，然后发给每个组员 10 张代币，每张代币面值 100 元，共计 1000 元整。每位组员手中的 10 张代币是他的全部财产，它包括钱，也包括感情。拍卖时，最低出价 100 元，也就是一张代币，每次竞价以百元为单位往上递增。出价最高者得到拍卖品。不能透支，也不能借钱给他人。

总共进行两轮拍卖。第一轮拍卖时，由教师随机出示一张卡片，每拍完一张出示新的一张。组员在不知道下一个拍卖品内容的情况下，用代币拍下最希望自己的朋友拥有的性格特征，可以拍一个或者多个。第二轮拍卖时重新给每个组员发放代币，由教师一次性给出所有的性格特征。请组员根据自己的希望，合理分配手中的代币，买下自己最想要的性格特征。可以重复购买，但每个性格特征每人只限购买一次。

任务目的：帮助学生厘清自己身边最看重朋友的何种特质，更愿意与什么样的人做朋友。帮助组员探索自己的个性特点，引导组员反思自己的人际关系，使组员体会与人交往的真谛，学会更好地处理人际关系。

知识链接

真正的友谊

成语“门可罗雀”的故事来自于开封的翟公，他曾任廷尉一职。他还在任上的时候，拜访他的人非常多，挤满了门庭。后来他被罢了官，就再也没有人登门了，门前冷落得可以张网捕捉麻雀。官场多变，不久翟公又重新得到起用，于是那些宾客又想再次登门拜访他。翟公感于人情冷暖，在门上写了几句话：“一生一死，乃知交情；一贫一富，乃知交态；一贵一贱，交情乃见。”带有目的性的攀附不会是友谊，只有不论贫富贵贱的真诚相交才是真朋友。

春秋时，管仲和鲍叔牙是好朋友。起初，二人合伙做买卖，管仲家里贫穷，出的本钱本就没有鲍叔牙多，可是当分红的时候，他却总是多拿。有人因此说管仲贪婪，鲍叔牙却解释说：“管仲不是贪这几个钱，是他家庭条件不好，我自愿多给他一些。”管仲曾经带兵打仗，进攻时躲在后面，逃跑时跑在最前面，因此有人看不起他，说他贪生怕死。鲍叔牙又解释说：“管仲家有老母亲，他保护自己只是因为他要珍惜生命好孝敬自己的母亲，并非真的怕死。”管仲听说后，说：“生我的是父母，了解我的是鲍叔牙啊!”朋友就应该相互理解，相互扶持。

7.2 异性同学之间的友谊

许多学生及家长经常会提出这样的问题：男女同学之间有没有纯洁的友谊?如果自己的孩子与异性同学交往是该鼓励还是该制止?

有两位家长在议论处在中职阶段的孩子异性交往的问题。家长 A 说：“让孩子上中职是为了考大学或者学一技之长找工作，如果与异性同学交往多了，肯定会分散学习精力。我对孩子要求很严格，不能与异性同学通电话闲聊，也不能和异性同学外出。”家长 B 反驳说：“中职生已经有一定的自控能力了，与异性同学适当交往是很正常的。我支持孩子与异性同学通电话，互相讨论学习，说说自己感兴趣的事情，这对孩子精神是一个调剂。我信任孩子，孩子也把与异性同学交往的情况告诉我，经常沟通就可以放心了。”

[案例故事]

案例 1：女学生小柳，本是个健康活泼的学生。她在 16 岁时与本班一男生交上了朋友，陷入青春期恋情。后来这个男生家长干涉，不让他们交往，男生只能与小柳断绝了关系。从此小柳吃不下、睡不着，学习成绩下降，最后只得休了学。那位男同学考上大学后，虽然对她念念不忘，但小柳却不再与他来往，小柳认为自己今后不可能再与人恋爱……

案例 2：小荷刚 15 岁，常去网吧聊天玩游戏，认识了一些比她年龄大的男青年。父母不允许她这样做，她振振有词地说：“我又没有与他们谈恋爱，只是普通的朋友嘛!”可她的学习成绩越来越差，没心思读书，每天花大量的时间和精力关注化妆品和时装……

[析理导航]

像小柳、小荷这样的事例还有很多，在处理男女同学关系时，如果没有恰当把握，就会做出对自身发展非常不利的选择，小到影响学习，大到产生心理障碍，甚至影响未来的家庭、婚姻。青春期是一个美好的时期，也是一个尴尬的时期，大家一定要慎重对待异性交往，做出不会后悔的选择。

7.2.1 认知异性同学之间的友谊

应该承认，异性之间是存在纯洁友谊的，这是与异性同学正常交往的前提。如果内心不认可异性之间友谊的存在，那么在与异性交往时就容易产生问题。

青少年在异性交往中，通过观察和了解异性，可以锻炼自己对性别角色的适应能力。因此，青少年必须学会把握自己，与异性像兄弟姐妹一样融洽相处，而不应过分亲密或建立特殊关系。

青春期是人生长发育的关键时期，随着第二性征的出现，青少年不仅关注自身生理、心理的变化，而且开始关心异性，想了解、接近异性，这就是青春期性意识的觉醒。健康的异性交往，是青春期正常的心理需要，对青少年各方面的发展有积极的促进作用。但青少年的个性尚不成熟，处在可塑性极强的时期，各种不良影响会乘虚而入，异性交往如果把握不好，不仅损害青少年身心健康，甚至可能会影响其人生道路的选择和一生的发展。

异性同学之间健康的交往，有益于增长知识，开阔眼界，锻炼性格，磨炼意志，这些对身心健康是非常有益的。善于与异性交往的青少年一般都兴趣广泛、开朗活泼、热情诚恳、助人为乐，但如果是模仿成人恋爱，而又缺乏成人的理智和情感方面的独立性，就容易陷入情网而不能自拔，损害身心健康，影响学习甚至以后的前途。

青春是美好的，青春期是需要把握方向的，正常的异性同学交往会使青春期更健康平稳地渡过，逐步走向成熟。大家应该珍惜这种友谊!

7.2.2 把握异性同学交往的度

教师、家长一般不会排斥正常的异性交往，而所谓的“正常”，也就是要有一定的“度”，不能超过一定的界限。

（1）以不影响正常的学习生活为限。学习和成长是中职生在其所处人生阶段的主要任务。未成年的中职学生，无论是与同性还是异性同学交往，其交往的对象和程度均应以不影响正常的学习和生活为限度。否则，均会受到家长、学校的限制。

（2）以不违反校规校纪为限。为了维护学校集体的秩序，为了培养学生良好的品质，包括中职在内的所有学校都有严格的纪律规定，并会对触犯纪律的行为给予一定的处分。每一名中职学生应该熟悉和遵守所在学校的规章制度，其中包括在同学交往中的规范要求，以免受到惩罚，影响自己和“朋友”的学业。

（3）以不违反公序良俗为限。公序，一般指社会所需要和追求的一般的公共利益与秩序；良俗，一般指社会所遵循和倡导的道德观念或良好道德风尚。在校园内外，中职学生是重要的社会成员，异性同学交往不能突破公序良俗所能容忍的限度。

7.2.3　异性同学友谊的处理

中职生交友心理和动机应健康。对于中职生来说，动不动就“找个对象呗”的异性交往，应该说是不严肃的。

友情是不排斥第三者的，可是为什么在中职生的异性交往中容易出现相互嫉妒甚至打架的情况？有一名男生谈到了其中的奥秘，他说，在中职生群体中有一种“规则”：如果一位男生和一位女生关系亲密，其他人就应自觉“回避”，千万不要“插足”于他们之间，必须是他们两人“分手”之后，才可各自接触其他的异性。他曾尝试过与五六个男女同学一起出去玩，但由于其中有两人是大家公认的“一对儿”，因此大家在一起就感到很别扭，也不敢轻易与这两人说话，最后弄得大家不欢而散。需要注意的是，在当前中职学校多发的打架斗殴事件中十有八九是与男女同学交往矛盾有关的。这种氛围的形成既与人的交友心理、交友动机有关，也与当前网络、影视文化中的不良渲染有关。

如果我们不能把握好与异性交往的度，就容易影响自己的学习、生活。例如，一名男生在与一名女生交往时，感觉自己喜欢上了这名女生，看到这名女生和其他男生说话就会觉得不自在，像是自己的糖果被他人抢走了，心神不宁。这是不正常的异性交往的心理，会直接影响其学习和生活，如果处理不好，还有可能发生其他更严重的心理问题。

青春期健康的异性交往，应以学校集体活动或小组活动为主，尽量避免男女二人单独活动。在集体活动中锻炼自己与他人的合作，是青春期人际交往的主要目的。只有通过广泛交往，才能够观察了解他人，也使他人了解自己。与某一异性单独相处的情况不可避免，这种情况下应注意掌握分寸，冷静理智，主动避免频繁接近。过密的异性单独交往，在任何的社会环境中都容易成为被议论的话题。一旦周围有了“公认的一对”的舆论，就会给交往中的异性同学朋友带来很多不必要的烦恼。

异性同学交往别早恋。恋爱是以建立婚姻关系为目的的异性交往行为，体现着异性之间在交往过程中形成的强烈的吸引与爱慕。婚恋是成年人的事情，未满十八周岁的未成年人涉及此事，一般就被称为早恋、早婚。早婚违反法律规定，不受法律保护。早恋与未成年人的身体、心智、人生任务不相适应，一般得不到支持，往往受到各方面的干涉。毋庸讳言，有些中职学生的异性交往已经超出一般异性朋友的限度，是必须引起注意的事情。

“找个对象玩玩儿”，这是不少所谓“搞对象”的“小男生”、“小女生”的交友心理，他们对于婚恋缺乏理性的认识，更多的就是一种异性的吸引，也有的是为了显示自己的“魅力”，同时也不乏有为了找个“伴儿”消遣消遣的。逢人就说“这是我对象”，唯恐天下人不知道；旁若无人，在食堂里你一口我一口地喂水喂饭；不知隐讳，依偎在“对象”怀里，与周围的许多人说话聊天；不论规矩，在校园里勾肩搭背、搂搂抱抱。这些都是早恋、不成熟的表现。其实，真正的爱恋最起码应体现出对对方的尊重，任何一个有思想的人都能够对以上行为作出基本的评价和判断。

人生的不同阶段，有不同的任务重点，这是常识，也是规律，还是规矩。违反规律、超越规矩的行为，往往会给人带来不利的后果。在中职阶段，因为所谓的恋爱把学生引入歧途的例子并不少见，有的学生花费大量的时间精力谈恋爱，忽视学业，忽视友谊，忽视家人；有的学生在面对教师谈话时，宁愿受学校处罚，哪怕退学不上，也拒绝和对象分手；有的学生因为恋爱问题处理不当，不计后果地选择用武力来解决问题，拉帮结派打架斗殴；还有的学生因为失恋而神思恍惚，情绪激动时还会自残……

未成年人，因为有了父母或者其他监护人的支持、庇护，才能有今天安逸的校园生活，不用为衣食住行发愁。但是父母或其他监护人的庇护不可能是一辈子的，中职生倘若在走上社会时没有一技之长，很难在社会上立足，生活难以为继，何谈情爱？同学们，来日方长，有了知识和技能，有了本领和阅历，何愁芳草无处！

[行为训练]

差异大搜索

任务单： 男生与女生是存在差异的，理解了男女之间的差异，才能够更好地相处。

任务目的： 让男女学生有更好的相互了解，通过发现差异，改正自己在异性交往中可能出现的不妥，以及掌握与异性交往的准则。

任务要求： 每位学生都应该积极地讨论，讲述自己心目中可能与异性存在的差异。

你的性别：__________　你关系比较好的异性朋友数量：__________

你注意到的与异性朋友之间的差异：

____

____

____

____

针对这些差异，你是怎么做的？

7.3　不迷失自我

友谊是美好的，它可以帮助我们成长，拓展我们的人生宽度。但是，如果因为友谊的光彩而迷失，一切按照朋友的意愿去生活，没有自己的主见，便容易做出一些错误的事情，甚至造成不可挽回的创伤。

[案例故事]

案例 1：小南是一名中职学生，他很聪明，在班里还担任班干部，任课教师都对他赞誉有加。但是让人大跌眼镜的是，就是这样一名让老师放心的“好学生”，最近参与到了一次打架事件中，而且惊动了公安局。打架双方均有人受伤，小南自己就断了肋骨两根，轻微脑震荡。事情的起因是小南好兄弟的“女朋友”被别人抢了，小南一时不忿，就找了一些“兄弟”去讨回面子，情绪激动下大打出手，最终酿成大祸。事后小南很后悔，但是伤痛已造成，无法挽回。

案例 2：小然是个心思细腻的女生，在学校里有一个玩得很好的朋友小彤，虽然两个人不在一个班，但是因为很谈得来，就常常一起吃饭一起玩。最近小然找小彤出去玩的时候发现她总是不在，原来小彤和一个认识了没几天的男生“坠入了爱河”。小然很担心，就总劝小彤别太轻信对方，作为女生一定要矜持，要自尊自爱。但是小彤很不耐烦，不愿意听这些，被说多了还会和小然吵架，要么指责小然多管闲事，要么就说小然是嫉妒。小然因此很苦恼，不知道该怎么办，最近寝食难安，学习上也受了很大的影响。

案例 3：小兰入学没多久就结识了好朋友凌美，两人经常一起出去玩，一起去逛街。凌美很漂亮，家庭条件又很优越，所以习惯穿衣服只穿名牌，吃饭只去高档餐厅。小兰家里条件不太好，母亲待业在家，家里还有一个上小学的弟弟，全家生计都只靠父亲一个人的收入，生活有些拮据。但是为了和凌美处好关系，小兰学着买名牌衣服，去高档餐厅吃饭，生活费花完了就跟父母要，父母不给就和他们吵，直到他们给了为止。

［析理导航］

友情是很重要的，但是任何一种感情都不是生活的全部，友情也一样。中职生还年轻，情绪不稳定，容易因为一点微小的变化便产生较大的反应，鲁莽行事。中职生又处于思想单纯的时期，容易将友情摆在过重的位置上，一旦友情稍有变化，就会不管不顾，失去理智，这都不利于形成正确的友情观。

7.3.1 友情是把双刃剑

人们总是在感叹友情的美好，有伯牙子期的高山流水觅知音，又有马克思恩格斯的革命友情，还有无数歌颂友情的诗篇、歌曲传唱古今，这让人们相信，有朋友真的是一件很美好的事情。但是，友情有时又是一把双刃剑，如果处理不当，双方也会因此受伤。

一般情况下，一个乐观向上、积极健康的朋友，带来的影响也是积极的，他或她会不知不觉地感染自己，使自己不断进步，这是一份值得珍惜的友情。相反一个消极怠惰、时时散发负能量或者有不良习惯的朋友，带来的影响也会是负面的，相处久了自己也会不知不觉沾染不好的习气，这是一份要及早戒掉的“友情”。

有以下几种情境假设，如果发生在你的身上，问问自己，你会怎么做？

（1）你最好的朋友沉迷赌博，并且还硬拽着你和他一起去赌。

（2）宿舍总丢钱、丢东西，某天突然发现原来丢的那些东西都在朋友的柜子里。

（3）正写着作业，一帮朋友却拉你出去玩，还告诉你“没事，老师查不到的”。

以上情境你可以有不同的应对做法，但不同的做法会产生不同的结局。有些做法可能是顺应了朋友的意思，有些则不是；有些可能会造成友情的裂痕，有些则会使友情更牢固；有些对自身的发展是有利的，有些则会让你受到伤害。我们从小到大受到的教育是要远离毒品、不取不义之财、要好好学习，但是当这些我们一直相信的东西被朋友打破的时候，是继续坚持自己的理想信念，坚守自己的原则，还是顺从朋友的要求，随波逐流？

7.3.2 朋友需要选择

“良师益友”与“狐朋狗友”分别代表着交友的两种状态。物以类聚，人以群分。朋友映射着自我的品质。“这个人值得交往，够朋友”、“那个人不值得交，不够朋友”，这实际上就是一种价值判断，反映着不同的择友观、价值观。所以，我们交友应当慎重，不能做出悔恨终生的选择。

孔子认为朋友有“三益”、“三损”：“友直、友谅、友多闻，为三益；友便辟、友善柔、友便佞，为三损。”意思是说，同正直的人交友，同诚信的人交友，同见闻广博的人交友，有益；同走邪道的人交友，同善于阿谀的人交友，同花言巧语的人交友，有害。因此，他主张选择有德行、有学问的人交友，这应该说是他的择友标准了。交友时，到底是交“三益”朋友，还是交“三损”朋友，值得认真思考。

对于思想处于走向成熟过程中的中职生来说，选择朋友应当注意以下方面：

（1）自觉地从感性化向理性化提升，形成自己的择友观。朋友之间的好感、交情，是从交往中来的。不同的年龄阶段、不同的认知水平，产生好感的缘由会有很大的区别。对小孩子来说，可能给他个“甜枣”，他就会对你产生好感；对不成熟的人来说，一两句好话可能就会认为很知心。中职阶段，是学生思想逐步走向成熟的重要阶段，应该逐步形成并校正自己与朋友交往的标准和原则。

（2）要坚持德行为先的择友标准。中职生的朋友交往，乃至将来的婚恋朋友，实际上都应当注重对方的德行。上学期间不认真学习，就是对自己的不负责；整天吊儿郎当，大错不犯，小错不断，就是对自己的不负责；张嘴就是脏话连篇，不尊重老师，欺负弱小，就是对自己的不负责。试想，一个连对自己都不懂得负责的人，他能对朋友负责吗？选择朋友，应该选择有德行的人。

（3）应当选择在思想、性格、学习、成长等方面对自己有所帮助的朋友。中职生的朋友交往不能以获得多少利益为目的，但良友有益是不争的事实。“说得到一块儿”、“习惯差不多”的人不一定是“良友”。上课的时候总在一起搞小动作，从学校溜出去逃学总是步调一致，隔三差五地上网吧聊得特投缘，这些都只能使自己下滑得更快，能交这些人为朋友吗？当然不能。

如果发现身边的朋友品质不良，不是“益友”，这就要考验你的智慧、勇气和朋友观了。既然是朋友，就应当相互帮助，尽力帮助其改正缺点。但如果你已经尝试过了，仍觉得自己无力改变他（或她），甚至自己都难免“染上”颜色的话，就应该拿出决心和勇气，坚决离开他们，避而远之。

7.3.3 坚守原则，捍卫健康的友情

每个人在社会上生活，都有自己为人处世的原则。但不管是什么样的原则，首先，不触犯法律是最基本的原则。法律明确规定了公民的权利和义务，只有在法律允许的范围内，公民才能自由地生活。其次，道德规范要遵守，只有这样才能更好地融入社会这个大家庭，为众人所接受。

当朋友的做法触犯了自己的原则，我们难免会有些犹豫，面临两难的选择，

是为了友情而放弃原则，还是为了原则而放弃友情？正如鱼和熊掌不能兼得，当友情和原则不能兼顾的时候，选择什么才是最好的？答案毫无疑问，遵纪守法、遵守道德的原则是无论何时都要坚守的，只有不触犯该原则的友情才是值得珍惜和捍卫的。

“讲义气”是公认的交友标准，但这个“义”必须是“大义”、是原则、是法律、是正义。维护友情，为朋友当然要付出，比喻为“两肋插刀”，但必须是在符合“义”的氛围中。朋友与他人发生点儿小摩擦，就去找人理论、打架，帮朋友“拔闯儿”，结果自己因为伤害他人受到法纪惩罚，还连累朋友承担大笔的赔偿费用，这是在维护友谊吗？如果有“朋友”找你去为他“拔闯儿”，你还去吗？

“友谊的小船说翻就翻”，说明了友情的不稳定性。友谊的维护需要有对原则的确认与坚持，需要有对友情的认知与判断，需要有对自我的约束，需要有对对方的付出。我们要辩证地看待友情，不是所有的友情都是好的、积极的。那些会给自己带来不利影响的友情是需要戒除的，不要过多的留恋。如果认为一段友情是值得的，你就要学着去理解、去珍惜，不能因一时一事就淡化了友情，失去了朋友。

高尔基说过：“真实的、十分理智的友谊是人生最美好的无价之宝。”希望同学们的友情都能够健康发展，“友谊地久天长”。

[行为训练]

行为训练 1　友情让我们共同进步

任务单：同学们，我们在一个班级里共同学习，建立了深厚的情谊，但每个人都会有他的优点和缺点，有不太容易让人接受的小习惯，现在是真心话时间，给你一个机会跟你的同学聊聊他们那些你接受不了的小习惯、小缺点，或者谈谈那些你们曾经没有说开的心结，把心结打开。

任务目的：通过共同参与，真诚沟通，让大家学会为对方着想，学着去求同存异，和睦相处。

任务要求：活动开始前给每位同学 6 分钟的时间回想，想想与同学在朝夕相处的日子里暴露出了哪些你不太能接受的“坏习惯”，或者想想你和同学有没有没解开的心结，没说开的误会。每位同学都应该积极地回忆，回想结束后依次上台，选择倾诉对象在讲台上面对面交流倾诉。

你想说真心话的同学 1：________________
他（她）的小缺点是：________________
你想对他（她）说的话：
____
____
____
____

你想说真心话的同学 2：________________
他（她）的小缺点是：________________
你想对他（她）说的话：
____
____
____
____

行为训练 2　友谊质量问卷

任务规则： 认真阅读问卷的内容，独立完成问卷，要求根据真实情况作答，不要随意回答。

任务目的： 根据“友谊质量问卷”来分析学生的友谊现状，进而教师可以对症下药，帮助学生树立正确的友情观，做到“交友，不迷失”。

同伴友谊质量量表

指导语：该问卷是了解你与班上最要好朋友的关系。请根据实际情况，选择一个最符合的答案，在答案代号上画圈。其中“1=完全不符合；2=不太符合；3=比较符合；4=完全符合”。每题只能选择一个答案。

1. 他/她告诉我，我很能干。
2. 我们课间总在一起聊天或玩耍。
3. 做事情时，我们总把对方作为同伴。
4. 如果有人在背后说我的坏话，他/她会为我说话。
5. 他/她使我觉得，我们彼此都很重要并与众不同。
6. 当我们在一起时，会尽力使对方感到愉快。
7. 即使别人不喜欢我，他/她也喜欢我。
8. 他/她告诉我，我很聪明。
9. 我们总在一起讨论我们所遇到的问题。
10. 他/她使我对自己所持有的观点感到自信。

11. 当我遇到生气的事情时，我会告诉他/她。
12. 我们经常互相帮助对方排除烦恼。
13. 我们在一起做很多有趣的事情。
14. 我相信他/她会信守诺言。
15. 他/她常给予我解决问题的忠告。
16. 我们一起谈论使我们感到难过的事。
17. 我们发生争执时，很容易和解。
18. 我们一起分享好东西。
19. 他/她不把我的秘密告诉别人。
20. 如果我们互相生对方的气，会在一起商量如何才能使大家都消气。
21. 他/她帮助我尽快完成任务。
22. 我们能很快淡忘我们之间的争执。
23. 我们互相告诉对方自己内心的秘密。
24. 他/她关心我的喜怒哀乐。
25. 当我们彼此不能说服对方时，能够尊重对方的选择。

题号	得　分	题号	得　分
1	1　2　3　4	14	1　2　3　4
2	1　2　3　4	15	1　2　3　4
3	1　2　3　4	16	1　2　3　4
4	1　2　3　4	17	1　2　3　4
5	1　2　3　4	18	1　2　3　4
6	1　2　3　4	19	1　2　3　4
7	1　2　3　4	20	1　2　3　4
8	1　2　3　4	21	1　2　3　4
9	1　2　3　4	22	1　2　3　4
10	1　2　3　4	23	1　2　3　4
11	1　2　3　4	24	1　2　3　4
12	1　2　3　4	25	1　2　3　4
13	1　2　3　4	合计	

请大家认真做这份答卷，然后统计得分情况。

如果你的最终得分在90分以上，那么恭喜你，你和这位朋友的关系值得所有人羡慕，你们是真正的好朋友，你们互相帮助、互相促进，请你珍惜这份友谊，并将这份友谊坚持到底。

如果你的最终得分在75分以上，那么你和这位朋友的关系需要你们细心维护，时常站在对方的角度思考问题，请记住，好朋友不是天生的，不是谁把完美的他或她送到你的身边，是需要我们用心经营的。

如果你的得分在75分以下，请你们两个人静下心来，既然你们认为对方是自己的好朋友，那么是不是应该更多的互相帮助、互相理解？是不是该对对方宽容一点？相信你们能处理好！

8 感恩，前行的动力

8.1 认知感恩

知恩图报是我们中华民族的美德，也是做人的基本道德准则。只有知恩图报才能成就美好人生。“谁言寸草心，报得三春晖”，“谁知盘中餐，粒粒皆辛苦”，“滴水之恩，当以涌泉相报”、“羊有跪乳之恩，鸦有反哺之义”等古训皆告诉我们应当感恩。当今的青年，感恩意识缺失，特别在处理人际关系上，学生普遍缺少感恩意识，所以必须对学生进行感恩教育，培养学生感恩意识，继承中华民族的传统美德。

[案例故事]

李明，16 岁，独生子女，是在父母亲百般呵护、悉心照料下无忧无虑长大的。他接受了太多的爱，因此渐渐地，他把这一切视为理所当然。他习惯了索取，习惯了“说一不二”，即使父母亲再苦再累也必须满足他的要求，而他却从不懂得去为父母亲做些什么，分担些什么，稍有些不如意，便大发脾气，甚至以离家出走相逼。

[析理导航]

出现上述情况的原因很多，但有一个原因不得不提：感恩缺失。现在有许多人缺少感恩之心，面对他人的帮助，甚至连一声“谢谢”也不说，这不能不说是社会文明的一种悲哀。因此有必要提醒和引导这些人，进而唤醒那压在淡漠与世故深处的善良本性与感恩之心。

8.1.1 何为感恩

“感恩”一词最早出现在《三国志》：“飨赐之日，可人人别进，问问其燥湿，加以密意。诱谕使言，察其志趣。令其感恩戴义，怀欲报之心。”《现代汉语词典》对“感恩”一词的解释为：“对他人所给予的帮助表示感激。”概括起来，所谓感恩，就是对他人、社会和自然给予自己的恩惠和方便，在内心产生认可并意欲回馈的一种认识、情怀和行为的总和。

国内不同的学者对感恩有不同的理解。有的学者认为感恩是一种对恩惠心存感激的表示，是每一位不忘他人恩情的人萦绕心间的情感；有的学者认为感恩是对神或人所施的恩惠、慈爱或帮助而在思想、言语或行动上表示感激；有的学者认为感恩是一种处世哲学，是一种生活的态度；还有的学者认为，感恩是对自己生存和发展过程中产生过积极作用的人和事物的一种感激与回报。本书所讨论的感恩，是中职生思想道德素质的重要组成部分，指中职生对直接给予其恩惠的他人和对其成长产生积极影响的人、集体、社会心存感激，有意报答的一种发自内心的情感。

8.1.2 为何感恩

人为什么要感恩？原因很简单，因为我们生活在这个世界上，需要相互扶持。我们的父母、老师、同学、同事、朋友，甚至山山水水、花鸟鱼虫等世间万物都对我们有恩情。

我们感恩父母，因为父母带给我们生命，给我们一个坚实而温馨的避风港；我们感恩老师，因为老师用知识的蜡烛点亮我们理想的火炬；我们感恩同事，因为如果没有同事们的相互帮助与支撑，我们纵有天大的本事，也孤掌难鸣；我们感恩朋友，因为朋友带给我们真挚的友情，在生活学习中给予我们真诚的关心和鼓舞。

《三国演义》中，赤壁一战，吴蜀联盟，草船借箭，火烧连营，大挫曹军。曹操从华容道仓皇逃跑，半路上遇到关羽来擒。关羽虽已立下军令状，但念其旧日恩情，便放了曹操。关羽义薄云天，因为他懂得感恩。

钱学森在美国留学，很有成就，随后坚持要回到祖国。美方千方百计地挽留他，用优厚的待遇诱惑他，最后甚至使用暴力阻拦他，但这丝毫没有动摇他回国的决心。最后，他终于回到了魂牵梦绕的祖国，并为祖国的航天、军事作出了突出贡献，荣获“两弹一星”勋章。钱学森义无反顾，因为他懂得感恩。

感恩是一种积极向上的思想和谦卑的态度，是一种处世哲学和生活智慧。它是一种责任、自立、自尊和追求阳光的精神境界。感恩是一个人不可磨灭的良知，也是现代社会成功人士健康人格的表现。感恩是一条基本的人生准则，是一种人生质量的体现，是一切生命美好的基础。感恩是生活中的大智慧，能使我们感受到大自然的美妙、生活的美好，能使我们保持积极、健康、阳光的良好心态。怀有感恩之情，就会对他人、对环境少一分挑剔，多一分欣赏和感激。感恩，是一种美好的情感，是人生前行、事业发展的原动力和内驱力，是人的高贵之所在。

知识链接

感恩节（西方传统节日）

感恩节（Thanksgiving Day）是美国人民独创的一个古老节日，也是美国人合家欢聚的节日。初时感恩节没有固定日期，由美国各州临时决定。直到 1863 年，林肯总统宣布感恩节为全国性节日。1941 年，美国国会正式将每年 11 月第四个星期四定为“感恩节”。感恩节假期一般会从星期四持续到星期天。

在西方国家，感恩节这一天，各个教派的教堂都开放，向上帝的慷慨恩赐表示感谢。感恩节是个家庭节日，全国各地，丈夫和妻子、孩子和老人，从市到镇、从镇到乡、从乡到庄，都回到老家共度节日。回不了家的人也打长途电话和父母家人畅谈，分享感恩的事。在大多数家庭里，饭后都会做一些传统的游戏。感恩节是一项愉快的庆祝活动，是一个家庭团聚的日子，是重叙友情的时刻。在那一天，就是单身汉也总是被邀请到别人的家里，同大家一起分享感恩的欢乐，并且感谢上帝的恩惠。这也是感恩节的意义所在。

[行为训练]

行为训练 1　感恩在我身边

任务单：班级以小组为单位，通过开展班会，对学生进行正面的思想教育，如讲述感恩故事、搜集感恩名言、收听感恩新闻等一系列活动。

任务目的：用身边的事去感动学生，用身边的人去感染学生，使学生在一个个感人肺腑的故事中提高对感恩的认识，从而达到提高感恩意识的目的。

任务要求：活动以班级为单位，将全班分为三组，各组成员都应在组长的组织下积极完成任务。

活动内容：

（1）分组与讨论。

小组人员：________________________________

小组讨论：说说发生在你身边的值得感恩的事。

（2）感悟。通过参与该行为训练，经过思考，写下体会和感悟。

行为训练 2　“让自己最感动的人”系列活动

任务单：通过反思成长的历程，写感恩日记，反思回味有恩于己的人和事，激发学生的报恩意识；开展学唱感恩歌曲，如《感恩的心》、《每当我走过老师窗前》、《爱的奉献》、《父亲》、《母亲》等歌曲，朗诵诗歌《父母爱》、《爱》等，排练课本剧《爱在我们身边》等活动。

任务目的：教育学生在得到爱的同时，还要学会去回报爱，给予爱，并感受生命因为有爱而美好，生活因为有爱而幸福。

任务要求：班级以小组为单位，每个小组推举一个节目，力求形式多样，多人参与。

活动内容：

（1）小组讨论。讨论结果填入表 8-1。

表 8-1　讨论结果

组别	节目主题	表演形式	参与人数
1			
2			
3			

（2）组织练习和彩排。节目填入表 8-2。

表 8-2　节目表

顺序	节 目 名 称
1	
2	
3	

（3）小组互评。互评结果填入表 8-3。

表 8-3　小组互评表

组别	表演分	情感分	参与分
1			
2			
3			

8.2　感恩教育

每当看到一个五六岁的男孩端着洗脚水喊妈妈洗脚的广告时，你心里想到的是什么？你自己有没有做到这一点？有一首歌这样唱：“感恩的心，感谢有你。”那感恩又是什么？感恩是在得到他人帮助的一声谢谢；是在老师辛苦教导后，能取得优异成绩；是父母把我们养大成人后，能稳定地工作、幸福地生活。有人说感恩很简单，那我们到底应该怎么做呢？

[案例故事]

时下，越来越多西方国家的节日传到了中国，“母亲节”就是其中一个。“母亲节”来临之际，某校开展“感恩”教育活动，要求每个班级以“母亲节”为契机，开展一次以“感恩”为主题的班会活动，对学生进行感恩教育。

上课前，老师饱含深情地为学生们朗读了一首关于赞美母爱的诗歌，导入班会的主题，同时提了一个问题：有谁知道自己母亲的生日。没想到学生听到老师的话刚开始是一脸惊讶，然后交头接耳地窃窃私语着。是啊，谁能记住自己母亲的生日？可是有哪位母亲不记得自己孩子的生日呢？

在这次班会课上，老师要求全班学生在母亲节来临之际，采用不同的方式为自己的母亲庆祝！祝母亲节日快乐！

[析理导航]

如今的孩子面对亲人的爱护、朋友的关心、老师的关怀、陌生人的帮助，仿佛和自己没有丝毫的关联，或者认为这些本来就是应该赋予他们的。在很多学生的情感世界里，“感恩”已经成为一个盲区。只有主动去感恩，才能从盲区中走出来。因此感恩教育格外重要。

8.2.1　感恩教育的含义

所谓感恩教育，就是教育者根据教育目的和受教育者品德形成发展的规律，运用一定的教育内容对受教育者实施的识恩、知恩、感恩、报恩和施恩的人文教育。

感恩教育包含三个层次：一是认知层次，让受教育者认识和了解自己受到恩惠，并发自内心的认可所受的恩惠；二是情感层次，在认知的基础上，产生愉悦、幸福的情感体验，从而产生感恩意识，产生想要报答的意向；三是实践层次，将感恩意识和报恩的意向转化为实践，以实际行动报答他人和社会。从认识到实践，三个层次环环相扣，相辅相成，缺一不可。

可见，感恩是一种发自内心的情感，当受到他人、集体、社会的恩惠时，要心怀感激，时刻铭记，并在适当时候将其转化为行动，报答他人。感恩教育，就是社会各方力量通过各种途径对青少年形成影响，使其懂得知恩、学会报恩。

8.2.2　感恩教育存在的问题

对当代中职生实施感恩教育刻不容缓，不论是对中职生自己还是对整个社会而言，感恩教育都那么重要和不可或缺。不可否认，当今已有不少学校开始注重感恩教育。例如：许多学校举行了感恩教育活动，像给自己的父母写一封信、过“感恩节”、学习手语歌《感恩的心》、举办感恩晚会等。但是，我们也应从这些感恩活动中看到当前感恩教育的一些不足。例如，对感恩教育的重要性认识不够，感恩教育缺乏实质有效的手段和方法，缺乏感恩情感评价体系等。

目前部分学校教育追求以“才”为本，而非以“人”为本，一味追求培养学生成才，而非培养学生成人。这样的教育无疑会导致学校情感教育出现一系列问题，例如，感恩教育是否真正被学生认同？是否真正使学生产生深刻的情感体验？此外，学校感恩教育多是通过书面教学或是一两次主题活动进行，而且大多以报答父母为中心，这种形式化的教育方式既不能确保让学生对感恩发自内心认同、狭窄了感恩的范围，也忽视了对感恩的实践教育，忽视了让学生不仅在学校组织的感恩活动中有感恩行动，更应将感恩报恩的行动实践于生活中。

大体说来，学校感恩教育存在三点问题：

（1）情感教育局限于课堂。现今的情感教育大多只是在课堂中以书面教育或是表演等形式进行，缺乏实际的情景。这样的教育方式，是把思想道德与一般科学知识等同，以文字传输形式进行传授。学生在这样的环境中学习感恩，必然只是在理论知识上得到提高，而真实的情感体验则无法获得，当遇到真实的情况时，自然无法对感恩产生认同，更无法将感恩转化为报答的行动。

（2）感恩教育趋于手段化。为响应号召，教师纷纷将情感教育渗透进学科教育中。然而，学校教育的重点仍然是科学知识的教授，教学的初衷是使学生学会知识，教学的目的是让学生通过各种测验，而情感教育只是为了达到传授学科知识的手段。情感教育不是目的而是手段，这种教育显然不能算作真正意义上的情感教育，不能达到净化学生心灵的作用。

（3）情感教育的内容与现实脱节。我们生活在一个丰富多彩的世界中，面对不同的情感问题，其情感世界也应是丰富的。然而，在当前的情感教育中，教育者的目光主要汇聚于理智感、道德感、审美感等高级社会情感上，忽视了人的基本情感的教育、负性情感的调节和正当情感需要的满足。

故 事 会

故事1：美国的罗斯福总统常怀感恩之心。据说有一次罗斯福家里失盗，被偷去了许多东西，一位朋友闻讯后，忙写信安慰他。罗斯福在回信中写道：“亲爱的朋友，谢谢你来信安慰我，我现在很好，感谢上帝：因为第一，贼偷去的是我的东西，而没有伤害我的生命；第二，贼只偷去我部分东西，而不是全部；第三，最值得庆幸的是，做贼的是他，而不是我。”对任何一个人来说，失盗绝对是不幸的事，而罗斯福却找出了感恩的三条理由。

故事2：帮助汉高祖打平天下的大将韩信，在未得志时，境况很是困苦。那时候，他时常到城下钓鱼，希望碰着好运气，可以解决生活。但是，这究竟不是可靠的办法，因此他时常要饿着肚子。幸而在他时常钓鱼的地方，有很多漂母（清洗丝棉絮或旧衣布的老婆婆）在河边做工，其中有一个漂母，很同情韩信的遭遇，便不断地救济他，给他饭吃。韩信在艰难困苦中，得到那位仅能以双手勉强糊口的漂母的恩惠，很是感激她，便对她说，将来必定要重重地报答她。那漂母听了韩信的话，很是不高兴，表示并不希望韩信将来报答她。后来，韩信替汉王立了不少功劳，被封为楚王，他想起从前曾受过漂母的恩惠，便命从人送酒菜给她吃，更送给她黄金一千两来答谢她。这就是“一饭千金”成语的来历。

故事3：徐本禹从小得到了好心人的帮助，他能知恩必报。他勤工俭学每月50元的报酬，43元捐给山东一个面临辍学的小学生；学校发的300元特困生补助，200元捐给了“保护母亲河”活动；别人资助他的500元，分别寄给了两名贫困生；获得6000元国家奖学金，2400元留给了系里的老师……最后放弃了继续深造的机会，到贫穷山区当了一名小学教师。

故事4：垂垂暮年的康熙回顾他自己的光辉岁月，不由得慨然感叹：如果没有鳌拜、吴三桂、噶尔丹等人，自己就不能成就这番辉煌业绩。他举杯向那些已经被消灭了的敌人敬酒，并大喊：“来世再与我为敌吧！”无须去考究细节的真实，康熙是千古一帝却是不争的事实，他的感慨发人深省。如果可以假设，没有那些内忧外患，康熙将是一个平庸的太平皇帝，从而淹没在历史的尘埃中。

故事5：1947年，华罗庚从国外回来，马上赶回故乡看望王维克老师。新中国成立后，华罗庚被任命为中国科学院数学研究所所长。他几次到王维克先生在北京的寓所去探望，并邀请王老师到科学院工作。1980年，华罗庚又专程回故乡看望陈涉师母。当陈涉师母把一本新版的王维克先生的重要译注《神曲》（但丁）签上自己的名字赠给华罗庚时，华罗庚紧紧地握着师母的手，十分动情地说：“谢谢！谢谢！这是王老师的心血啊！”

[行为训练]

行为训练1　编辑爱的短信

任务单：班级以小组为单位，讨论感恩的方法，并为你所感恩的人编辑一条感恩的短信，并在班会期间利用多媒体展示。

任务目的：在编辑短信的过程中，牢牢树立感恩的意识，争取在今后身体力行地去感恩，并向身边的人宣传感恩意识，让感恩内化为自己的习惯。通过编辑短信，号召学生学会感恩，从我做起，从现在做起，从小事做起，向社会传达正能量。

任务要求：全班分为3组，各组选定组长，全员参与，积极投入。

活动内容：

（1）分组与讨论。

小组人员：________________________________

小组讨论：感恩的行动有哪些？

____

____

____

____

（2）编辑短信。编辑短信内容，由组长监督完成。

____

____

____

____

（3）小组展示。在教师的指导下，各小组将短信的内容进行展示，并填写表 8-4。展示中，每个人必须描述自己编辑短信的内容。

表 8-4　编辑爱的短信

组　别	对　象	内　容	事件理由
1			
2			
3			

（4）评价。评价结果填入表 8-5。

表 8-5　评价结果

组别	内容分		表达分	感情分		总计
	短信内容（30%）	语言特色（10%）	语言表达（20%）	感情表达（20%）	阐述理由（20%）	
1						
2						
3						

（5）感悟。通过参与该行为训练，经过思考，写下体会和感悟。

____

____

____

____

行为训练 2　我来感恩

任务单：班级以小组为单位，在校园中组织学生帮助保洁阿姨做一些力所能及的事情，如与她们聊天、为她们倒杯水等，利用班会时间进行。

任务目的：在活动进行的过程中，充分了解保洁阿姨的辛苦。

任务要求：全班分为 6 组，各组应明确分工，选定组长，细化任务，全员参与，积极投入。

活动内容：

（1）分组与提问互动环节。

小组人员：________________________________

提问互动：你打算为保洁阿姨做些什么？

____

____

____

____

（2）实践环节。

1）确认方法：找到各楼层的保洁阿姨。

2）选定形式：聊天、做清洁等。

3）实际行动：将大家在实践活动中的一举一动记录下来，并形成摄影作品。

（3）小组展示。在教师的指导下，各小组将记录实践活动内容的视频一一展示，并填写表8-6。展示中，各组人员必须描述自己这样做的理由。

表8-6　感恩实践

组　别	选定背景	实践内容	实践理由
1			
2			
3			
4			
5			
6			

（4）评价。评价结果填入表8-7。

表8-7　评价结果

组　别	活动准备分			现场表现分		全员参与分		总计
	内容（20%）	结构（10%）	特色（10%）	表现形式（20%）	现场发挥（20%）	态度（10%）	组织管理（10%）	
1								
2								
3								
4								
5								
6								

(5) 感悟。通过参与该行为训练，经过思考，写下体会和感悟。

8.3　感恩促成长

有些人错误认为感恩父母、老师、朋友、同事等很简单，这些感恩要么常回家看看，要么寄些钱，要么送礼和请客等。也有些人错误认为感恩是负担，有些恐惧。其实感恩的对象各种各样，感恩的方式也因人而异。感恩主要是对他人的给予表示真心的感激，一个在意的眼神、一声真心的“谢谢”、一句真实的赞美或甜美的微笑等等都可以表示感恩。感恩是一件轻松、快乐的事，只要大家都懂得感恩，就可以形成良性循环，形成良好的感恩文化和风气，对个人成长、家庭和睦、企业发展、社会和谐等都有好处。

[案例故事]

为了培养学生的感恩意识，教师设计了如下活动：

(1) 举行主题班会：“算算亲情账，感知父母恩”。

1) 将自己的学费、书杂费、生活费、交通费、零花钱等支出加起来，算出家长为自己的投资。

2) 计算学习投资的成本。

3) 假定自己毕业后的收入，计算自己大致需要多少年才能回报父母。

(2) 体验教育活动——绑沙袋。开展绑沙袋活动，让每个学生在一天的上学时间里都在腹部绑一个沙袋且必须全天随身携带，放学前交流绑沙袋的体验。通过这一有趣的游戏体会妈妈十月怀胎的辛苦。

(3) 布置爱心家庭作业。

1) 送父母一句温馨的祝福；

2) 给外出的父母打一次电话或送去一声问候；

3) 给父母捶捶背、搓搓手；

4) 在家主动做家务，并记录下来。

为了培养学生对教师的感恩意识，设计如下活动：

(1) 举行《人生路上的领路人——老师》演讲比赛。

（2）举行题目为“师恩难忘，师情永存”的作文竞赛。

（3）开展学生向教师献真情活动，自选“六个一”（写一封信，谈一次心，做一张贺卡，献一束鲜花，提一个建议，表一个决心等）来表达对教师的感激之情。

通过这些感恩的活动，许多学生都能感受到他人对自己的好，并在生活中能主动帮助他人，家长们都反映自己家的孩子表现比以前好多了。

[析理导航]

“感恩”，是人之所以为人的本性，但每一个人的感恩品质却不是与生俱来的，是需要后天的教育、感悟的，是后天习得的产物。感知到他人的恩德，不把周围对自己的帮助当成是他人理所应当的付出，有感恩之心、感恩之能、感恩之行，非常重要。

8.3.1　营造感恩氛围，学会感恩

要使学生拥有一颗感恩的心，首先要让学生处于感恩的人文氛围中，让他们感受周围的人是如何对世界、对他人感恩的。通过耳濡目染，影响他们自身形成这一品质。而现在我们的家庭、学校和社会并没有为孩子营造感恩这样的氛围。家长、教师经常在不经意间表达、宣泄对生活、对社会及对他人太多的不满和抱怨，会使学生对人与人之间的关爱缺乏了解，更别说是感恩了。

8.3.2　家庭教育的启蒙

在家庭教育方面，很多父母缺乏对感恩教育的正确理解，这主要表现为两种倾向：一是父母一厢情愿地付出，造成孩子认为自己任何的索取都是理所当然的。家长没有思考，在付出的过程中是否让孩子理解到了父母的良苦用心；二是个别家庭简单粗暴的教育方式，只要孩子做错了，就开始诉说自己的辛苦，表面上是希望通过这种方法强化父母的付出。但适得其反，这给孩子造成了心理负担，它暗示了“我付出给你，你要偿还”，这样孩子就算回报也不是出于真心的，孩子会以“形式对形式”来感恩。久而久之“感恩”在孩子头脑中就不存在，只是一种任务。

8.3.3　学校的感恩教育

（1）要让学生能够体验到他人对自己的关心和帮助。经历产生体验，体验形成意识，让学生在“情境”中的经历去自我体验、自我教育、自我完善。当

他们在生活上遇到困难的时候，有人嘘寒问暖；当他们在学习上遇到难题的时候，有人诲人不倦；当他们走了弯路的时候，有人善意相劝；当他们在迷茫的时候，有人迷津指点；当他们在感到孤立无援的时候，有人挺身而出，热情支援……，这些就是值得感谢、感激的情境。所以学校的感恩教育就是要启发学生能够体会到他人对自己的关心和帮助，认识到：父母给了我们生命，老师教育我们成长，同学给了我们友谊，学校给了我们舞台，国家给了我们安宁。

(2) 启发教育学生要对他人的关心和帮助心怀谢意，常怀感恩之情。世界是普遍联系的，一个人不可能孤立地存在。人人献出一点爱，世界就会成为美好的人间。我为人人，人人为我，互帮互让，才会有和谐的社会生活。体会到被人关心和帮助，就是“良心”。如此，就能正确对待周围的很多事情，如家长的唠叨、学校的管教、社会的规矩等等。有一首歌叫做《奉献》，歌中提到“长路奉献给远方；玫瑰奉献给爱情；白云奉献给草场；江河奉献给海洋”。那么，我们拿什么感谢父母，拿什么感谢老师，拿什么报效国家和社会？我们的教育就是要启发学生对这些进行深刻的思考。

(3) 要帮助学生懂得什么是感恩。感恩不是抽象的，是具体的。不同的对象，内容是有差别的：

1) 作为正处于求学阶段的中职生，要学会感恩父母。生活上懂得节俭，不盲目攀比、不铺张浪费等，就是在尊重父母的劳动成果，就是在感恩；不嫌弃家庭状况的窘迫、不嫌弃父母职业和社会地位的卑微，懂得父母的辛劳到底是为了谁，热爱家庭、尊重父母、尊重父母的心理感受，就是做儿女的感恩；儿行千里母担忧，出门在外的学子，注意身体健康、财物安全，不寻衅滋事、不惹是生非，少让父母担心，就是做儿女的感恩；肩负着父母的嘱托和家庭的希望，努力学习，增长本领，改变自己和家庭的命运，就是做儿女的感恩。

2) 处在学校的中职生，要学会感恩教师。教书育人是教师的天职，关心爱护每一位学生是教师的分内之事，本无所谓“施恩、施惠”。但是，“小树得砍，小孩儿得管”，教师的教育、教管，使学生避免了“船到桥头自然直”需要付出的碰撞代价，对于学生来说是人生的最大财富和机遇。伟人毛泽东因为徐特立的教诲，还有“一字之师”的感恩之举，况于常人乎？因此，“感谢恩师”、“不忘师恩”是学生的“良心”。作为学生，接受教师的教育、管理，磨炼意志品质、训练职业技能，就是对学校和教师的“感恩”。

3) 处在班集体中的中职生，要学会感恩同学。同学关系是一种重要的人际关系，在校期间能够相互帮助，解决学习和生活上的困难；彼此沟通交流，是一种精神上的需要。毕业之后，同学关系是最重要的、最纯洁的社会关系，既是彼此情感沟通的需要，也是职业生涯中最能发挥作用的人脉。克服同学之间的磕磕碰碰，既是维持同学关系的需要，也是锻炼人生智慧的实践。同学之间，相遇在学校，就是所谓的“缘分”，求学期间发生的每一件事都会在今后的人生中留下深刻的回忆。

4）作为社会成员，要学会感恩社会、感恩国家。人尽其才、地尽其利、物尽其用、货畅其流，公平、平等、平安的社会、政治环境不是自然而然的事情，是党的领导、人民的创造。一名社会成员，遵纪守法、讲究公德、文明礼貌等，就是对社会和国家的感恩。

（4）要有感恩之能，就是帮助学生懂得怎样才能感恩。感恩需要踏实的付出，感恩需要具备感恩的能力。试想一个连自己都处于“社会救济对象”的人，他拿什么去赡养父母，感谢父母的养育之恩？

因此，一个真正懂得感恩的人一定会抓紧学习，用知识武装自己，不断提高自己的本领。作为一名中职生，只有努力学习知识和技能，练就“一身好手艺”，才可能通过自己创造的财富来回报父母、师长和社会。

（5）要有感恩之行。滴水之恩，涌泉相报。感恩教育的目的，就是要启发学生有感恩之心、长感恩之能、有感恩之行。一名学生如果真正有了感恩之心，就会乐于接受学校的教育管理，就会有战胜自我、克服困难的勇气和决心，就会像雷锋那样地节俭、那样地学习、那样地工作、那样地待人，那样地对党、对国家、对人民忠诚、奉献。

诗词欣赏

游子吟

［唐］　孟郊

慈母手中线，游子身上衣。
临行密密缝，意恐迟迟归。
谁言寸草心，报得三春晖。

注释：

（1）游子：古代称远游旅居的人；吟：诗体名称。

（2）临：将要。

（3）意恐迟迟归：恐怕儿子在外迟迟不回家；意恐：担心；归：回来，回家。

（4）言：说；寸草：小草，这里比喻子女；心：语义双关，既指草木的茎干，也指子女的心意；谁言：一作“难将”。

（5）报得：报答；三春晖：春天灿烂的阳光，指慈母之恩；三春：旧称农历正月为孟春，二月为仲春，三月为季春，合称三春；晖：阳光；形容母爱如春天温暖、和煦的阳光照耀着子女。

[行为训练]

行为训练1　写给毕业的自己

任务单：班级以小组为单位，在班内组织学生写一封信给毕业的自己。

任务目的：在写信的过程中，牢牢树立感恩的意识。

任务要求：全班分为3组，各组应明确分工，选定组长，细化任务，全员参与，积极投入。

活动内容：

（1）分组与讨论。

1）小组人员：______

2）小组讨论：讨论你的未来是什么样子的？你有什么话要对毕业的你说呢？

______

（2）写信。

1）计划信的主要内容及提纲。

2）落实信纸、信封等。

3）确认信的体裁，如散文、议论文等。

4）总结书写经验，并随写随改。

（3）小组交流。写完信后，各小组成员将写好的信装到信封中，并用胶带或胶棒封好后交到班主任手中保管。小组内成员交流下写信当时的感受。

______

（4）自评与互评。评价结果填入表8-8。

表 8-8 评价结果

组别	内容分			表达分		总计
	书信内容（30%）	书信情感（20%）	语言特色（10%）	语言表达（20%）	情感表达（20%）	
1						
2						
3						

（5）感悟。通过参与该行为训练，经过思考，写下体会和感悟。

____

____

____

____

行为训练 2 表演感恩小品

以小组为单位，分别以“感恩”为主题，表演日常生活中的一些不感恩的现象，由此引发学生的讨论，进而上升到思考如何感恩。

任务单： 班级以小组为单位，在班内组织学生自己编写小品剧本。

任务目的： 在编写剧本的过程中，牢牢树立感恩的意识，学会去感恩。

任务要求： 全班分为 3 组，各组应明确分工，选定组长，细化任务，全员参与，积极投入。

活动内容：

（1）分组与讨论。

1）小组人员：________________________

2）小组讨论：以“感恩”为主题创作剧本，讨论如何围绕主题创作剧本，剧情应该是什么样子的。

____

____

____

____

（2）组织学生表演。

1）安排各个角色的扮演者。

2）落实小品表演的道具。

3）组织排练。

4）组织人员拍摄，将最终的成品保留。

（3）小组交流。完成后，各小组进行小品展示，邀请教师和学生担任评委，班内学生互相交流观看小品后的感受。

（4）自评与互评。评价结果填入表 8-9。

表 8-9　评价结果

组别	内容分			表达分		总计
	剧本内容（30%）	语言表达（20%）	创新程度（10%）	仪容仪表（20%）	情感表达（20%）	
1						
2						
3						

（5）感悟。通过参与该行为训练，经过思考，写下体会和感悟。

知识链接

书信的书写格式

写书信就是把要说的话写下来，给指定的对象（亲戚、朋友等）看，因而，书信的语言要朴实、自然，说话要亲切、得体，要把自己的想法真实地传达给对方。

书信有固定格式，一般包括称呼、问候语、正文、祝愿语、署名、日期六部分。

（1）称呼：要根据写信人与收信人之间的关系来决定。例如书信是写给表姐“小溪”的，所以称呼是“小溪姐姐”。学生与收信人的关系大体可分为两种：自己与长辈，自己与平辈。如果是长辈亲属，只写称谓即可，如“姑妈”、“舅舅”等，不必写姓氏；如果不是亲属，则应在称呼前加上姓氏或姓名，如

“宋姨”、“刘海叔叔”等。平辈之间，一般要在称呼前加上姓名或名字，如“赵孟彤同学”、“欣禹妹妹”等。还可以在“称呼”前加上“尊敬的”“想念的”等修饰词语，表达自己对收信人的某种感情。称呼是书信的开头，要顶格写。称呼后面要加冒号。

（2）问候语：如果收信人是长辈，可以写“您好”或“身体好吗”等；如果收信人是平辈，可以写“你好”；如果收信人不是一个人，一般写“你们好”或“大家好”，不可以写“您们好”（“您”后面不能加“们”）。问候语另起一行，空两格写。

（3）正文：这是书信的主要部分，要直截了当地把要告诉对方的内容条理清楚地写下来，要写出真情实感。如果要说的事情不止一件，应每件事写一段。书信不要使用华丽的词语，更不能言不由衷。正文可以紧接问候语写，也可以另起一行空两格写。

（4）祝愿语：正文写完后，通常要向对方表示致敬或祝福。另起一行，空两格写“此致”或“祝你”，再另起一行顶格写“敬礼”或“健康”等祝福的话。同学之间，祝愿语可以写“祝你学习进步”之类的内容。

（5）署名：在信纸的右下方写上自己的名字，前面还可以注明自己的身份，如“学生崔琳”、“侄儿宏洋”等。

（6）日期：把写信的具体时间写在署名的正下方，应写清年月日（不写年份是错误的），以备收信人日后查阅。

写完信，填写好信封，贴足邮票，就可以寄出了。

9 道德与法纪，美丽的规则

“规”，指的是正圆之器；“矩”，指的是正方之器。“方圆”，借指规矩。“有规矩，成方圆”，意思是做任何事只有有规则、懂规则、守规则，才能成功。社会生活，需要秩序，规矩便多种多样。其中，最具有普遍意义的社会规矩，主要是道德、法律和纪律三种形态。

9.1 遵守道德规范

[案例故事]

2014 年中央电视台春节晚会演出的小品《扶不扶》在社会中引起热议，节目演绎了主人公郝建遇到倒在路边的老太太时的纠结——扶不扶。主人公经过一系列复杂的心理斗争，最终做出“扶起来”的选择。一句“这人倒了咱不扶，这人心不就倒了吗？人心要是倒了，咱想扶都扶不起来了”的台词引起亿万电视观众的共鸣。

[析理导航]

小品用虚构的情境、夸张的表演、幽默的语言，把主人公的内心活动表现得淋漓尽致，艺术地反映了道德在人们处理个人与自我、与他人、与社会、与自然之间关系时的特殊的调节作用。

9.1.1 认知道德

道德，就是用善恶标准去评价，依靠社会舆论、传统习惯、教育和内心信念等来维持，调节个人与自我、与他人、与社会、与自然之间关系的行为规范的总和。

道德是社会生活中的重要行为规范，体现着一定的社会和社会成员的价值追求，是对社会成员的高标准要求。“德高”而“望众”，有道德的人是高尚的人，有道德的人是值得尊重的人。

(1) 道德调节个人与自我、与他人、与社会、与自然之间等广泛的社会关系。传说孔子经过盗泉，因泉名为“盗”，虽口渴也不饮，后以“不饮盗泉之水”表示坚守节操，不污其行。道德与修养，伴随着人生之旅的时时刻刻，体现于社会交往的方方面面。人虽然有要满足衣食住行的生理需要，但要遵守社会的规则和自己做人的操守。生理需要的“渴”和“盗为君子不齿、社会不容”的社会属性需要发生冲突的时候，就需要用道德来调节。“少壮不努力，老大徒伤悲”，今天贪图安逸享受、整天睡懒觉，明天会是什么样子？人的生命历程中，“今天的我”和“明天的我”发生冲突的时候，也需要道德来调节。

(2) 道德依靠社会舆论、传统习惯、教育和内心信念等来维系。道德作为调节社会关系、维持社会秩序的规则、标准，不是靠外界的强制力，而是通过社会舆论、传统习惯、教育和内心信念等手段来保证实现的。违反道德规范的人不会被限制行动的自由，不会受到身体或生理上的伤害，但是会受到心理上的谴责。通常说的“脸红”、“心跳”、“心神不定”、“寝食难安”、“不愿意出门见人”，实际上就是社会舆论、传统习惯、内心信念等道德武器在起作用。

(3) 道德对人们的行为起到善恶裁判的作用。在处理社会关系过程中人们心中存在着的“该做什么或不该做什么”、“应该怎样做或不应该怎样做”的内心纠结、矛盾，实际上就是用善与恶、荣与辱、正义与非正义等进行的道德评价。内心的纠结就是在进行着道德的评判。受良心谴责，就会无地自容，心神不安；问心无愧，就会心情舒畅，自在坦然。“君子坦荡荡，小人长戚戚”，通过是非善恶、正义与非正义等的评判，道德就如同“法庭”一样发挥着调节社会关系的作用。公交车上不给老人让座的年轻人，往往是摆出“扭头看风景”、“低头看书报”、“垂头似睡”的状态，实际上就是一种心理不自然的表现，是一种明知不可而为之后的条件反应。

9.1.2 公民道德建设的基本内容

2001 年 9 月 20 日，中共中央印发了《公民道德建设实施纲要》，这是我国社会道德建设的基本指导文件，它明确了公民道德建设的层次结构和内容，明确了我国公民的基本道德规范：爱国守法、明礼诚信、团结友善、勤俭自强、敬业奉献。

党的十八大报告中提出要积极培育和践行社会主义核心价值观，其中在公民层面提倡“爱国、敬业、诚信、友善”，指明了社会主义公民的基本行为准则。

(1) 社会公德，是全体公民在社会交往和公共生活中应该遵循的行为准则，涵盖了人与人、人与社会、人与自然之间的广泛的社会关系。我国倡导的社会公德的主要内容是：“文明礼貌、助人为乐、爱护公物、保护环境、遵纪守法。”

（2）家庭美德，是每个公民在家庭生活中应该遵循的行为准则，涵盖了夫妻、长幼、邻里之间的关系。我国倡导的家庭美德的主要内容是：“尊老爱幼、男女平等、夫妻和睦、勤俭持家、邻里团结。”

（3）职业道德，是人们在职业活动中应该遵守的道德要求和行为准则的总和。它既是从业人员在职业活动中的行为标准和要求，也是本行业对社会所承担的道德责任和义务，是社会道德在职业生活中的具体化。我国倡导的职业道德的主要内容是：“爱岗敬业、诚实守信、办事公道、服务群众、奉献社会。”

9.1.3 遵守道德规范的要求

（1）要加强学习。道德规范在社会生活中具有重要作用，要加强学习，把握各种道德规范的内容要求，增强修养道德的自觉性。

（2）要懂得自我约束。道德讲究的是自律，单纯靠外界的力量是难以养成良好的道德习惯的。

（3）要从小事做起。道德的调整范围涉及人与自我、人与人、人与组织、人与环境等方方面面，只要有人存在的地方，就存在道德的影响。积善成德，从小事做起，持之以恒，逐渐养成良好的道德习惯和道德品质。

[行为训练]

行为训练1 青少年公民道德承诺书

任务单：班级以小组为单位，讨论有关公民道德应包含的内容与行为。每组选出代表，结合青少年自身实际，谈一谈如何加强公民道德意识、履行公民道德行为、宣扬社会正能量，为构建社会主义和谐社会营建良好气氛。

任务目的：让青少年树立公民道德意识，培养符合公民道德的行为，为学生成为社会栋梁打下基础。

任务要求：各组成员都应在组长的组织下积极完成任务。

活动内容：

（1）分组与讨论。

1）小组人员：____

2）小组讨论：经过自己的观察，讨论校园中存在哪些不道德行为，我们应该如何杜绝与防范。

____

____

____

____

（2）填写青少年社会公德意识调查问卷进行自评。

青少年社会公德意识调查问卷

1. 你的性别？（　　）
   A 男　　B 女
2. 你在公共场所排队时有人插队，你会？（　　）
   A 马上制止　　B 视而不见　　C 心里抱怨
3. 在公共汽车上见到老人、儿童、孕妇等，你会怎么做？（　　）
   A 假装没看见　　B 主动让座　　C 别人不让我也不让
4. 你看到的青少年遇到红灯时都是怎么做的？（　　）
   A 一贯遵守交通法规　　B 经常闯红灯
   C 赶时间的时候不遵守
5. 面对乞讨人群，你的态度？（　　）
   A 回避　　B 鄙视　　C 给予帮助
6. 你对青少年考试时作弊行为有何看法？（　　）
   A 可以理解　　B 反感　　C 没什么大不了的，自己也干过
7. 你看到过青少年参与社会举行的献爱心活动吗？（　　）
   A 经常看到　　B 偶尔看到　　C 看不到
8. 你认为决定青少年社会公德意识的主要因素是什么？（　　）
   A 社会环境　　B 家庭陶冶　　C 学校教育
   D 成人表率　　E 舆论导向　　F 影视作品
9. 你认为大众舆论对青少年日常生活中的行为举止有影响吗？（　　）
   A 会有影响，但是宣传的力度不够
   B 不会，即使宣传再多也坚持自己的个性而行
   C 一般，有时会被影响到，有时坚持己见
10. 你认为重新学习古今中外优秀道德思想对青少年社会道德意识缺失现象的改善有作用吗？（　　）
   A 非常有必要，这是从根本上解决问题的唯一途径
   B 有必要，这是重拾社会道德的重要举措之一

C 没必要，作用不大

11. 你看见过青少年破坏公共设施的现象吗？(　　)

A 经常看到　　　B 偶尔看到

(3) 签写青少年公民道德承诺书。

青少年公民道德承诺书

自觉遵守“爱国守法、明礼诚信、团结友善、勤俭自强、敬业奉献”的20字基本道德规范，做有理想、有道德、有文化、有纪律的社会主义公民。

带头遵守以文明礼貌、助人为乐、爱护公物、保护环境、遵纪守法为主要内容的社会公德；带头遵守以爱岗敬业、诚实守信、办事公道、服务群众、奉献社会为主要内容的职业道德；带头遵守以尊老爱幼、男女平等、夫妻和睦、勤俭持家、邻里团结为主要内容的家庭美德。在社会做一个好公民，在学校做一个好学生，在家庭做一个好成员。

坚持做到个人利益服务集体利益、局部利益服从整体利益、当前利益服从长远利益，全心全意为人民、为社会多做好事、多做实事。

认真履行公民文明行为“十讲十不讲”：讲奉献，热爱集体，不损公肥私；讲文明，不传播糟粕；讲科学，不封建迷信；讲道德，不欺老凌弱；讲礼貌，不恶语伤人；讲团结，不惹是生非；讲纪律，不打架斗殴；讲秩序，乱堆乱放；讲卫生，不乱倒垃圾；讲节俭，不铺张浪费。

认真实践文明行为“三管九不做”：管好自己的口，不随地吐痰，不随地乱吐瓜果皮壳，不说不文明的话；管好自己的手，不乱倒乱扔垃圾、不乱印乱贴乱画，不做不文明的事；管好自己的腿，不践踏花草绿地，不违反交通规则，不走不文明的路。

承诺人：

年　月　日

(4) 评价。评价结果填入表9-1。

表9-1　评价结果

讨论结果		小组代表	
评价项目	组内评价	小组互评	教师评价

（5）感悟。通过参与该行为训练，经过思考，写下自己的体会和感悟。

知识链接

公民道德宣传日

中共中央2001年9月20日印发的《公民道德建设实施纲要》（中发〔2001〕15号），是弘扬民族精神和时代精神，形成良好道德风尚，促进物质文明与精神文明协调发展，全面推进建设有中国特色社会主义伟大事业的指导性文件。2003年9月11日，经党中央同意，中央精神文明建设指导委员会决定，将中央印发《公民道德建设实施纲要》的9月20日定为“公民道德宣传日”。其目的是更广泛地动员社会各界关心支持和参与道德建设，使公民道德建设贴近实际、生活、群众，增强针对性和实效性，促进公民道德素质和社会文明程度的提高，为全面建设小康社会奠定良好的思想道德基础。

9.2 遵守纪律规范

[案例故事]

据报道，2016年10月天津某公司发生Ⅱ类辐照加速器辐照事故，两名临时外聘的电机维修人员被辐照。事故主要原因是，该公司外聘的两名电机维修人员在该公司工作人员就餐间歇期间（加速器停运）进入辐照室进行维修，而操作工郭某就餐完毕后未进行安全巡检即启动电子加速器，造成这两名电机维修人员受照。

经相关部门调查，该公司安全生产意识淡薄。国家明确规定“生产、销售、使用放射性同位素和射线装置的单位，应当对直接从事生产、销售、使用活动的工作人员进行安全和防护知识教育培训，并进行考核；考核不合格的，不得上岗。”而该公司知法不守法，操作工郭某未取得辐射安全培训证书就操作加速器，属无证操作；在辐照室不工作且工作人员都去就餐的情况下未对货物通道门上锁，使辐照室的各项安全措施处于失控状态，该公司对安全工作没有引起足够的重视。同时该公司安全制度不落实，公司虽然制定了安全操作规程，但操作人员启动电子加速器前未对辐照室进行安全巡检，安全制度和操作规程形同虚设。相关部门根据管理制度对该公司进行了处罚和处理。

[析理导航]

涉核设备属于特种设备，有专门的操作安全纪律要求。案例中的职工不具备规定的资格，违反规定的操作程序和工作纪律，酿成严重的安全事故，给劳动者本人、他人及所在企业都带来非常不利的后果，确实值得深思。纪律不是可有可无的！

9.2.1 认知纪律规范

9.2.1.1 纪律规范的内涵

纪律规范，是指一定的组织为了维护其利益而制定的、要求人们遵守的规章、规则、制度等行为规范的总称。

9.2.1.2 纪律规范的特征

纪律的制定主体是一定的组织。凡是组织，都有自己的纪律；否则，就失去秩序，无法正常运转，成为一盘散沙，不能成为一个整体。

纪律的规范对象限于特定的组织成员。这种组织可以是固定的、正式的，例如共青团；也可以是临时的、非正式的，或者处于一定场所、空间内的群体。

纪律的内容经常带有禁止性、惩戒性规定。任何组织制定的纪律，都会对人们的行为产生约束。如“三大纪律，八项注意”；考试时，擅自把手机带进考场，属于违反考试纪律，按作弊处理等。

纪律的规定应当具有合法性。任何组织制定的纪律，都不得违反法律的规定，不得有违社会公序良俗。

纪律规范是介于法律和道德之间的一种特殊的行为规范。它既要求人们能自觉遵守，又带有一定的强制性，纪律必须执行。就前者而言，它具有道德色彩；就后者而言，它又带有一定的法律的色彩。也就是说，一方面遵守纪律是一种美德，另一方面遵守纪律又是一种义务。

9.2.1.3 违反纪律规范的危害

（1）违反纪律的行为往往会影响到组织权威、活动的秩序或者效果。例如，课堂上打逗，影响了课堂秩序，教师的教学难以组织，同学们也难以有好的听课效果。

(2) 违反纪律的行为往往会引发更严重的行为后果。例如，工厂里的维修电工，违反《维修安全操作规程》，不按程序操作，容易引发安全事故。

(3) 违反纪律者本人可能会受到批评、教育，甚至如警告、开除等纪律处分。

9.2.2 学校纪律

学校的纪律一般来说都是明文规定的，以各种制度、规定、办法等形式予以公示，要求师生遵照执行。例如：

(1)《关于出入校门的有关规定》，对出入学校大门的行为提出要求，一般包括出入时间、出入下车、持卡出入、排队出入、进入校门口时的容妆要求和礼貌用语等。

(2)《食堂就餐规定》，对在食堂用餐的行为进行规范，一般包括用餐时间、买饭秩序、用餐言行、剩饭菜处理、厉行节约等方面的要求。

(3)《考场规则》，对考生在考场的行为提出明确要求，一般包括考试的各个环节要求、考试时间、考试用品、考试自律、违纪处理等方面。

(4)《住宿生管理规定》，对住宿学生提出特殊的要求，包括归宿、起床、卫生、用电等方面的要求。

凡是学校都有着严格、完备的纪律规范。“这所学校的管理严不严”是很多学生家长关注的问题，他们都希望学校管得严一点。这里所说的管理严格，在一定程度上就体现出对纪律的要求。由此也可以说，有无纪律要求、要求是否严格、执行是否到位，是一所学校是否正规的重要标志之一。只有在纪律严明的学校里，学生才可能得到良好的教育，才可能保障自己正当的权利和利益。

学校纪律的意义在于：

(1) 规范学校教育教学工作，保证教育教学的秩序和质量；

(2) 维持正常的校园生活秩序，营造学生成才成长的良好环境；

(3) 有助于学生养成遵规守纪的良好道德品质。

9.2.3 企业劳动纪律

9.2.3.1 企业劳动纪律的涵义

企业劳动纪律，是指企业依法制定的，劳动者在劳动过程中应当遵守的劳动规则和劳动秩序，是劳动者的基本行为准则。

企业劳动纪律本身不是法律，但其一旦符合法律规定，就等于拥有了法律的授权，具有了法律赋予的法律效力。

《中华人民共和国劳动法》第四条规定“用人单位应当依法建立和完善规章制度，保障劳动者享有劳动权利和履行劳动义务”，《中华人民共和国劳动合同法》第四条第一款也规定“用人单位应当依法建立和完善劳动规章制度，保障劳动者享有劳动权利、履行劳动义务”。这充分表明，依法制订劳动规章制度既是法律赋予用人单位的权利，也是用人单位应履行的义务。

用人单位的规章制度，是由用人单位制定的、旨在保证劳动者享有劳动权利和履行劳动义务的劳动规则和制度，其中就包含着对劳动者应该做什么、不应该做什么、应该怎样做以及各种行为的后果的规定，也就是劳动纪律。

企业制定的劳动规章制度具有法律效力需要满足三个条件：一是订立程序合法，二是内容不违反法律的强制性规定，三是已经向劳动者公示。只要符合这三项条件，企业的劳动规章制度就具有法律效力，企业与劳动者都应当严格遵守。

9.2.3.2 企业劳动纪律主要内容

工作时间纪律，一是要遵守正常的工作时间，如不迟到、不早退、不无故缺勤等；二是要积极合理地利用工作时间，如工作时间不串岗聊天、不干私活等。

工作组织纪律，就是服从组织管理方面的要求，如保证服从正常的生产工作指挥与调度，履行合同约定的保密义务等。

工作过程纪律，就是在生产和工作过程中应当遵守的纪律，如坚守岗位、不擅离职守；完成工作任务或劳动定额等。

安全卫生纪律，就是指遵守安全卫生规程，保证生产安全；遵守工艺和操作规程等。

此外还有在廉洁奉公、爱护财产、质量意识、厉行节约、关心集体等遵守职业道德方面的要求。

9.2.3.3 违反劳动纪律的处分

违反劳动纪律的处分，就是指在劳动关系存续期间，用人单位对有违纪行为的劳动者做出的惩罚或者训诫。这种处分一般包括三方面的措施：

（1）精神层面，就是对违纪情节较轻的劳动者给予其精神上的不利评价，以期起到警示作用的措施，如训诫、警告、通报批评、记过等。

（2）经济层面，就是对有违纪行为的劳动者给予经济上的制裁，以使其增强劳动纪律意识的措施，如停发工资、赔偿损失等。

（3）工作层面，就是通过停职反省、调离原岗位、解除劳动合同等影响工作权利的措施对违纪者给予惩戒。

[行为训练]

行为训练1 知识问答

任务单： 班级以小组为单位，在班内进行知识问答比赛。

任务目的： 通过比赛，使学生掌握一些基本的生活遵法守纪的常识，培养学生的遵法守纪情感。

任务要求： 各组成员都应在组长的组织下积极完成任务。

活动内容：

(1) 是对还是错。判断下面说法是对还是错。

1）要考试了，我的钢笔不见了，小龙不在，我拿他的用一下。(　)

2）不入“二厅”，是指不入营业性游戏厅和舞厅。(　)

3）同学之间互相尊重、团结互助、理解宽容、真诚相待、正常交往，不以大欺小，不欺侮同学，不戏弄他人，发生矛盾多做自我批评。(　)

4）吃饭时要做到边吃边聊，这样才越吃越香。(　)

5）手中有废纸或其他垃圾随手丢在路边，反正没有人看见。(　)

6）按时到校，不迟到，不早退，不旷课。(　)

7）上课太累人了，我趴在桌子上睡一会儿再说。(　)

8）别人不小心踩到你的脚，立即给你道歉了，你说没关系。(　)

9）认真值日，保持教室、校园整洁优美。不在教室和校园内追逐打闹喧哗，维护学校良好秩序。(　)

10）晚上休息时间到了，我睡不着，干脆出去散散步回来再睡。(　)

11）前面是我们的老师，我们赶紧绕道而行吧，免得和他打招呼。(　)

12）不说脏话，不骂人，不打架，不赌博，不涉足未成年人不宜的活动和场所。(　)

13）这些作业我不会做，不如拿同桌的来抄抄吧。(　)

14）排队时可以大声喧哗、勾肩搭背，只要不被老师看见就行了。(　)

(2) 集体签名誓言。全班在写着“遵守校规校纪”的横幅上签字，并激励自己按要求做到。

行为训练2 读案例 思人生

任务单： 班级内以小组为单位，在班内阅读反面案例。

任务目的： 通过案例，掌握生活中基本的遵规守纪常识，培养遵规守纪的情感。

任务要求： 各组成员都应在组长的组织下积极完成任务。

活动内容：

(1) 阅读反面案例。

上海有一家外资企业高薪招聘应届毕业生，对成绩要求都很高。应聘的中职生过五关斩六将，到了最后一关：总经理面试。一见面，总经理说："很抱歉，年轻人，我有点急事，要出去10分钟，你们能不能等我？"这仅剩的几位中职生们都说："没问题，您去吧，我们等您。"经理走了，中职生们闲着没事，围着经理的大写字台看，只见上面文件一叠，信一叠，资料一叠。都是些什么呢？他们你看这一叠，我看这一叠，看完了还交换：哎哟，这个好看，哎哟，那个好看。10分钟后，总经理回来了，他说："面试已经结束，你们全都没有被录用。"中职生们个个瞪大了眼睛，"这是怎么回事，面试还没开始呢？"总经理说："我不在的这一段时间，你们的表现就是面试。很遗憾，本公司从来不录用那些乱翻他人东西的人。"

请问：你有何感想？

____

____

____

____

(2) 请相互讨论，以下规定有无必要，并对照检查自己哪些没有做到。

1) 课堂有纪律，认真听讲；

2) 不顶撞老师；

3) 课间有秩序，不喧哗打闹；

4) 语言有礼貌，不讲脏话；

5) 穿着得体，不盲目追求时尚；

6) 讲究卫生，不随地吐痰、扔纸屑；

7) 勤俭节约，不浪费水电资源，发扬刻苦耐劳的精神；

8) 不夜不归宿；

9) 不抽烟，不喝酒；

10) 不携带管制刀具。

____

____

____

____

知识链接

中等职业学校学生公约

《教育部办公厅关于开展学习签署践行〈中等职业学校学生公约〉活动的通知》（教职成厅〔2016〕2号）文件，要求全国中职学校普遍开展学习、签署、践行《中等职业学校学生公约》（以下简称《公约》）活动。《公约》具体内容如下：

（1）爱祖国，有梦想。热爱祖国，热爱人民，热爱中国共产党。志存高远，服务人民，奉献社会。

（2）爱学习，有专长。崇尚科学，追求真知；勤学苦练，精益求精；不会就学，不懂就问。

（3）爱劳动，图自强。尊重劳动，勇于创造；艰苦奋斗，勤俭节约；从我做起，脚踏实地。

（4）讲文明，重修养。尊师孝亲，友善待人；诚实守信，言行一致；知错就改，见贤思齐。

（5）遵法纪，守规章。遵守法律，依法做事；遵守校纪，依纪行为；遵守行规，依规行事。

（6）辨美丑，立形象。情趣健康，向善向美；仪容整洁，衣着得体；举止文明，落落大方。

（7）强体魄，保健康。按时作息，坚持锻炼；讲究卫生，保持清洁；珍爱生命，注意安全。

（8）树自信，勇担当。自尊自信，乐观向上；珍惜青春，不怕挫折；敬业乐群，勇担责任。

9.3　遵守法律法规

[案例故事]

据报道，某中职未成年学生冯某，因认为初中时受张某欺负便预谋报复。2014年8月初，冯某与张某通过QQ、电话相约斗殴。8月20日13时许，冯某携带壁纸刀并纠集李某等三人，与张某纠集的汪某等二人在北京市大兴区某餐厅门外附近发生殴斗，造成冯某、张某、李某受伤，经法医鉴定均为轻微伤。综合冯某行为的社会危害性，法院依法对其处罚，以聚众斗殴罪判处有期徒刑两年，缓刑两年。

[析理导航]

法律是最具约束力的行为规范，是国家和社会所设定的人们的行为底线，不可触碰、不可逾越，否则就会受到法律的制裁。在校学生的身份也不能规避法律的管辖，凡是到了法律规定承担责任的年龄，其行为都得经过法律的“检阅”。一旦有了违法犯罪的记录，这对其求职、升迁以及社会生活的诸多方面都会带来严重不利的后果。

9.3.1　法律的涵义

法律，是国家制定或认可的，由国家强制力保证实施，对全体社会成员具有普遍约束力的一种特殊行为规范。其特征表现在：

（1）法律是调整行为关系的规范。比如头脑中产生了占有他人财产的想法，从道德的角度看是可耻的，而从法律的角度则是无罪的。法律保护财产关系，只要没有实施侵占他人财产的行为法律一般不予干涉。但一旦实施盗窃、毁损等行为，法律就会追责。

（2）法律是由国家制定、认可和解释的。法律的创制主体是国家，以国家的名义制定和颁布的法律，具有普遍遵守的效力。

（3）法律以权利义务的双向规定为调整机制。法律对人们行为的调整主要是通过权利和义务的设定和运行来实现的，它明确地告诉人们该怎样行为、不该怎样行为以及必须怎样行为；人们根据法律规定来预先估计自己与他人之间该怎样行为，并预见行为的后果，从而使人们从趋利避害的本能中做出行为的选择，实现法律对人们行为的调整。

（4）法律是以国家强制力保证实施的。国家强制力就是指国家的军队、警察、法庭、监狱等有组织的国家暴力，这是法律实施的强力后盾。

9.3.2　我国的法律体系

一个国家的法律体系是由众多的部门法组成的统一整体，涵盖了社会生活的方方面面。学习法律、遵守法律，应当了解国家的法律体系，特别是与自身的学习、工作、生活等密切相关的法律。2011 年 3 月 10 日，全国人大常委会委员长吴邦国在十一届全国人大四次会议第二次全体会议上宣布：中国特色社会主义法律体系已经形成。我国的法律体系主要包括如下法律部门：

(1) 宪法及相关法。宪法是国家的根本大法。宪法相关法是与宪法配套、直接保障宪法实施的宪法性法律规范的总和，包括《中华人民共和国宪法》、《中华人民共和国全国人民代表大会组织法》、《中华人民共和国民族区域自治法》、《中华人民共和国香港特别行政区基本法》、《中华人民共和国全国人民代表大会和地方各级人民代表大会选举法》等。

(2) 民法商法。我国目前尚无完整的民法典，而以《民法总则》为基本法律，辅之以其他单行民事法律，包括《中华人民共和国物权法》、《中华人民共和国合同法》、《中华人民共和国担保法》、《中华人民共和国婚姻法》、《中华人民共和国继承法》等。目前我国商法主要有《中华人民共和国公司法》、《中华人民共和国保险法》等。

(3) 行政法。行政法是关于行政权的授予、行使以及对其监督的法律规范，调整的是行政机关与行政管理相对人之间因行政管理活动发生的社会关系，如《中华人民共和国公务员法》、《中华人民共和国教育法》等。

(4) 经济法。经济法是关于平等竞争环境、维护市场秩序方面的法律，如《中华人民共和国反不正当竞争法》、《中华人民共和国产品质量法》等，也包括国家宏观调控和经济管理方面的法律，如《中华人民共和国审计法》、《中华人民共和国价格法》等。

(5) 社会法。社会法是调整劳动关系、社会保障、社会福利和特殊群体权益保护等方面的法律规范，包括《中华人民共和国劳动法》、《中华人民共和国未成年人保护法》、《中华人民共和国老年人权益保障法》、《中华人民共和国公益事业捐赠法》等。

(6) 刑法。刑法是规定犯罪与刑罚的法律规范，包括 1997 年 3 月 14 日修订后的刑法典《中华人民共和国刑法》和其后的刑法修正案以及全国人大常委会制定的有关惩治犯罪的决定等。

(7) 诉讼与非诉讼程序法。诉讼与非诉讼程序法是规范解决社会纠纷的诉讼活动与非诉讼活动的法律规范，主要有《中华人民共和国刑事诉讼法》、《中华人民共和国民事诉讼法》、《中华人民共和国行政诉讼法》、《中华人民共和国仲裁法》等。

9.3.3 中职生学法、守法的要求

(1) 了解、掌握个人成长和参与社会生活所必需的法律常识和制度，明晰行为规则，自觉遵法、守法。遵法，是一种对法的态度，关系到学法、守法的主观能动性；学法、知法，是守法的必要前提。知可为与知不可为同等重要。

（2）规范行为习惯，培育法治观念，增强依法规范自身行为、分辨是非、运用法律方式维护自身权益、通过法律途径参与国家和社会生活的意识和能力。自觉守法、遇事找法、解决问题靠法的思维习惯和行为方式，是社会主义合格公民所必需的法治素养要求。

（3）践行法治理念，树立法治信仰，参与法治实践，形成对社会主义法治道路的价值认同、制度认同，成为社会主义法治的忠实崇尚者、自觉遵守者、坚定捍卫者。包括广大中职生在内的青少年，是祖国的未来、民族的希望，是依法治国、建设社会主义法治国家的重要参与者和有生力量。

[行为训练]

聚众斗殴，悔之晚矣

（1）基本案情（案例来源：最高人民法院 2015 年 9 月 19 日公布的校园犯罪典型案例）。

2014 年 3 月，攀枝花市某学校学生黄某因行走不慎绊了该校 2012 级学生胡某一脚，而与胡某发生口角，黄某提议说下晚自习后见面解决。黄某下晚自习后，将放在教室课桌里的一把折叠刀揣在裤兜内，然后与甲某、杨某、曹某、吴某等人从教室出来，与胡某和石某等人见面。胡某让黄某赔礼道歉，黄某拒绝。这时有教师看见，让他们散开不要聚集在一起。胡某和黄某两伙人就向寝室楼走去，途中胡某和胡某身后的喻某、程某、聂某、张某等人冲上前去殴打黄某。黄某边退边挥舞着手中的折叠刀乱刺，当退跌至校友苏铁园花坛时，听到有人喊“老师来了”，殴打黄某的人立即跑开。黄某起来后立即对在此看热闹的邓某后背刺了一刀，邓某被刺伤。黄某见殴打他的人离开后，对吴某、石某说他杀人了，吴某听后让黄某离开学校。在此事件中，该校的学生邓某、雷某、张某、胡某均受伤，其中邓某的伤情经鉴定为重伤；雷某、张某、胡某的伤情经鉴定为轻微伤。

案发当晚，派出所民警将胡某带回派出所接受询问调查，胡某到案后如实供述了其邀约他人聚众斗殴的犯罪事实。2014 年 4 月 3 日，黄某在家人陪同下到公安机关投案，如实供述了其邀约同学聚众斗殴并用刀刺伤他人的犯罪事实。案发后，被告人黄某、胡某的家人代黄某、胡某赔偿了被害人邓某的经济损失，取得被害人的谅解。被告人黄某的家人代黄某赔偿了雷某、张某、胡某的经济损失，取得被害人的谅解。

（2）裁判结果。

法院审理后认为，被告人黄某、胡某无视校规、法纪，为逞强好胜而私下纠集多人进行斗殴，被告人胡某的行为构成聚众斗殴罪。在聚众斗殴中，被告人黄某持刀致人重伤，应当依照刑法第二百三十四条的规定，以故意伤害罪定罪处罚。被告人黄某致人重伤的犯罪行为应被判处三年以上十年以下有期徒刑的刑罚。本案的聚众斗殴行为虽发生在校园内，但双方斗殴持续时间不长，尚未造成社会秩序严重混乱，故对被告人胡某的犯罪行为应被判处三年以下有期徒刑、拘役或者管制的刑罚；被告人黄某在犯罪时未年满十八周岁，系未成年人，应对其减轻处罚。黄某在家人陪同下主动到公安机关投案，到案后如实供述自己的犯罪事实，系自首，可对其从轻处罚。被告人胡某案发当晚被公安民警带回公安机关接受询问，到案后如实供述自己犯罪事实，可依法对其从轻处罚。案发后，二被告人的家人与被害人就赔偿事宜达成一致并支付赔偿款项，取得被害人的谅解，可对二被告人酌情从轻处罚。通过庭审查明的事实，黄某平时不学法、不懂法，加之遇事不冷静，导致其走上犯罪道路。通过庭审教育，黄某已认识到自己行为的严重后果，有一定悔改表现。根据被告人黄某、胡某的犯罪情节、悔罪表现以及宣告缓刑对所居住的社区无重大不良影响，可对其宣告缓刑。根据被告人黄某、胡某犯罪的事实、性质、情节和对于社会的危害程度，依法判决被告人黄某犯故意伤害罪，判处有期徒刑一年三个月，缓刑一年六个月；被告人胡某犯聚众斗殴罪，判处有期徒刑一年五个月，缓刑两年。

（3）典型意义。

学生之间因为纠纷而引起结伙斗殴是一种常见的校园暴力行为。本案是在校学生因为言语动作粗鲁而引发矛盾进而导致聚众斗殴犯罪的典型案例。通过该案例对学生进行警示教育，引导学生从思想上认识打架斗殴的危害性，教育学生遇事应冷静并用文明语言进行沟通，平时要多学习法律知识，学会运用法律手段保护自身权益，避免以暴制暴的恶性循环。同时，从该案例中，我们看到受伤最重的不是发生冲突的双方，而是无辜的围观者，这也教育学生在校园中遇到类似事件应尽量避免起哄、围观。

任务： 思考问题，分组交流。

（1）案例中，黄某、胡某解决问题的方式是什么？反映出哪些问题？

____

____

____

____

（2）如果你是案例中的程某、喻某、张某，你认为该如何对待这份“邀请”？

（3）通过本案例，你认为未成年人犯罪的危害有哪些？

知识链接

国家宪法日

1954 年 9 月 20 日，第一届全国人民代表大会第一次会议通过了《中华人民共和国宪法》，这是新中国的第一部宪法，因其在 1954 年颁布，故史称“五四宪法”。我国的现行宪法是指 1982 年第五届全国人民代表大会第五次会议通过的《中华人民共和国宪法》及先后四次通过的修正案。

宪法是国家的根本大法，具有最高的法律效力。依法治国，首先是依宪治国。为了增强全社会的宪法意识，弘扬宪法精神，加强宪法实施，全面推进依法治国，十二届全国人大常委会第十一次会议于 2014 年 11 月 1 日审议通过了关于设立国家宪法日的决定，将 12 月 4 日设立为国家宪法日。国家通过多种形式开展宪法宣传教育活动，强调宪法是国家的根本法，是治国安邦的总章程，具有最高的法律地位、法律权威、法律效力。“任何组织或者个人都不得有超越宪法和法律的特权，一切违反宪法和法律的行为都必须予以追究。”

《中华人民共和国预防未成年人犯罪法》部分条文

本法于第九届全国人民代表大会常务委员会第十次会议于 1999 年 6 月 28 日通过，自 1999 年 11 月 1 日起施行。第十一届全国人民代表大会常务委员会第二十九次会议于 2012 年 10 月 26 日修正。其中部分条文如下：

第十四条 未成年人的父母或者其他监护人和学校应当教育未成年人不得有下列不良行为：

（一）旷课、夜不归宿；

（二）携带管制刀具；

（三）打架斗殴、辱骂他人；

（四）强行向他人索要财物；

（五）偷窃、故意毁坏财物；

（六）参与赌博或者变相赌博；

（七）观看、收听色情、淫秽的音像制品、读物等；

（八）进入法律、法规规定未成年人不适宜进入的营业性歌舞厅等场所；

（九）其他严重违背社会公德的不良行为。

第十五条 未成年人的父母或者其他监护人和学校应当教育未成年人不得吸烟、酗酒。任何经营场所不得向未成年人出售烟酒。

第十六条 中小学生旷课的，学校应当及时与其父母或者其他监护人取得联系。未成年人擅自外出夜不归宿的，其父母或者其他监护人、其所在的寄宿制学校应当及时查找，或者向公安机关请求帮助。收留夜不归宿的未成年人的，应当征得其父母或者其他监护人的同意，或者在二十四小时内及时通知其父母或者其他监护人、所在学校或者及时向公安机关报告。

第十七条 未成年人的父母或者其他监护人和学校发现未成年人组织或者参加实施不良行为的团伙的，应当及时予以制止。发现该团伙有违法犯罪行为的，应当向公安机关报告。

第三十四条 本法所称“严重不良行为”，是指下列严重危害社会，尚不够刑事处罚的违法行为：

（一）纠集他人结伙滋事，扰乱治安；

（二）携带管制刀具，屡教不改；

（三）多次拦截殴打他人或者强行索要他人财物；

（四）传播淫秽的读物或者音像制品等；

（五）进行淫乱或者色情、卖淫活动；

（六）多次偷窃；

（七）参与赌博，屡教不改；

（八）吸食、注射毒品；

（九）其他严重危害社会的行为。

第三十五条 对未成年人实施本法规定的严重不良行为的，应当及时予以制止。

对有本法规定严重不良行为的未成年人，其父母或者其他监护人和学校应当相互配合，采取措施严加管教，也可以送工读学校进行矫治和接受教育。

10 爱国，公民的责任

10.1 爱国，爱家

中国，一片屹立于世界东方的神圣土地；中华民族，一个生息繁衍在这神圣土地上的伟大民族。自古以来，我们以地大物博和山川壮丽而自豪，以古老的文明和灿烂的文化而骄傲。因为资源的富饶，因为山川的壮丽，因为文化的灿烂，更因为身为龙的传人与生俱来的情感，我们的心中总会有一个声音在不停地回荡---我爱你中国！

[案例故事]

据《扬子晚报》报道，陈磊在美国东北部佛蒙特州的米德尔伯里大学留学。在经济学课上，该课教授没有去过中国，但他却说中国是一个非常闭塞、非常贫穷的小国家，中国人愚昧、守旧，没有发达的经济、先进的科技，更没有自由平等和人权。陈磊听了，立即站起来质问教授，没有去过中国，凭什么对中国和中国人民下这样的结论？中国的经济在腾飞、科学技术在进步、法律和法规在完善，中国人民的权利已经得到了足够的保障！陈磊要求教授向中国和中国人民道歉。教授没有道歉，陈磊于是不顾其他同学的劝说和阻拦，昂首挺胸走出了教室，放弃了该课程。根据学校的规定，要放弃一门选修课程，必须完成三门与此类似的课程才能算通过。陈磊放弃一门课程去改学三门课程，其困难可想而知。那一段时间里，他每天晚上 12 点睡觉，早晨 5 点起床，天天努力学习，期末考试时，陈磊选修的三门课程都得了“A+”。期末考试过后，该教授主动找到陈磊说：“陈，有你这样的中国人，我知道中国是什么样子了。也许，我真的错了。”陈磊的回答落地有声：“不是也许，是肯定！您肯定错了。”

问题：如何评价陈磊的行为？当代中职学生应该怎样去维护祖国的利益？

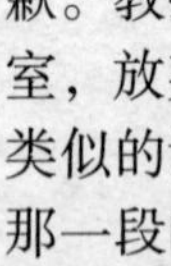

[析理导航]

陈磊同学的行为反映了中华民族的爱国主义精神。爱国主义不仅代表了人们对自己祖国的深厚情感，更体现为实际的义务和责任。中职学生应将国家的安全、荣誉和利益放在高于一切的地位，与祖国同呼吸共命运。当国家的利益受到损害时，同一切损害国家利益的行为做斗争，自觉维护国家尊严。爱国应当是一种理性的行为，要讲原则、守法律，以合理合法的方式来进行。不管在国内还是国外，既要体现中国人维护国家利益的坚定信念，又要体现中国人的文明形象和风范。陈磊同学的爱国主义行为还体现在他具有强烈的民族自尊心和自豪感。真正的爱国者，在任何时候、任何情况下都把维护国家的安全、荣誉和利益放在第一位，把民族自尊心和自豪感体现在爱国的实际行动中。

10.1.1 我的国与家

“祖国”一词本身带有强烈的情感色彩，可以解释为祖籍所在的国家，是祖先开辟的生存之地。因此，一般来说，祖国至少应当包括五个方面的要素：一是自然要素，即确定的国土，包括陆地、水域和空间，诸如土地、山川、河流、海洋、森林、矿藏等自然资源；二是社会要素，即定居的国民，指在这片土地上具有共同的经济生活、社会文化、历史传统等关联的人们所组成的人民共同体；三是政治要素，即国家，指为了维护人民共同体的秩序、安全、利益等而建立起来的具有政治权威的机构，国家是阶级矛盾的产物，是阶级统治的工具，也是社会生活最具权威的管理者；四是法律要素，也就是具有主权，其政治权威机构自主决定对内、对外事务的能力和资格；五是关联要素，也就是一个个体的“人”与一个“国”的联系，即祖籍关系，没有这种关联，你所面对的只是一个“国”，难以有“祖国”的情感。

在当今的社会生活中，一个人的国籍可以改变，但是祖国不可变更，那是永恒的归属。“龙”是中华民族的图腾，“龙的传人”是一种对“根”的归属认同。一首《龙的传人》，脍炙人口的歌曲，唤醒和激发了无数人对“根”的思考和对民族归属的情感。“古老的东方有一条龙，它的名字就叫中国。古老的东方有一群人，他们全都是龙的传人。巨龙脚底下我成长，长成以后是龙的传人。黑眼睛黑头发黄皮肤，永永远远是龙的传人”。

家庭，是基于血缘和姻缘关系组成的人的共同体，是社会生活的基本单位，或者说家庭是社会的细胞。从国家和民族的关系来看，一个民族可能分属几个国家，一个国家可能包括几个民族。对一个人来说，其一呱呱坠地，就被深深地打上了家庭的、民族的、国家的烙印。

出生在一个家庭，属于一个民族，属于一个国家。个人的成长和发展、个人的命运，就与自己的家庭、自己的民族、自己的国家紧密地联系在一起。

如何对待和处理个人与家庭的关系、个人与国家的关系、家庭与国家的关系，是个人主观情感问题，也体现着个人的价值观和政治倾向。

国家对于个体的意义，体现于个人工作、生活的方方面面，体现于生命的所有过程。然而，也许正是由于这种体现过于平常，人们似乎难以体会其宝贵，只有在特定的情形下才可能想起国家、祖国的存在。出国在外的游子，踏上祖国的大地，回家之感油然而生。原来，祖国之于自己，是那么的重要！

10.1.2 热爱我们的国家

家是个人的“安乐窝”，那么的温馨，然而要享受这种生活，有赖于支撑它的大树叶茂根深。有国才有家，这是中华民族优秀传统文化中关于国与家关系的基本观点。爱国是我们当今时代倡导的核心价值观的重要内容。

爱国主义，是指一个国家的人民在千百年来的社会实践中形成的一种对自己祖国的最深厚的情感，是将个人命运和祖国命运紧密联系在一起的自觉意识，是调整个人与国家、个人与民族关系的行为规范。它包括爱国的情感、爱国的思想意识、爱国的行为等多层次的内涵：

(1) 爱国主义是千百年来逐渐形成的对祖国的一种深厚感情。爱国情感既是一种民族心理活动，也体现于个体的感情世界，它表现为对故土、对祖国山河的热爱与依恋，对历史、文化、风土人情等传统的认同，对国家和民族命运的关注，对国家和民族的自信和自豪感，对国家和民族利益的维护与付出，这些是对祖国的情感，是对祖国的忠诚，是对祖国深深的爱。

(2) 爱国主义是一种精神现象，一种社会意识形态。被称为“主义”的爱国主义不单纯是对家乡、对故土的那种“离不开的味道”的原始情感，更是人们在长期的社会实践中凝练、汇集成的一种社会意识形态，是一种永续传承的文化传统。爱国主义思想观念会形成一个国家和民族的向心力和凝聚力，推动国家和民族的发展。

(3) 爱国主义是一种基本的道德规范和政治规范。“以热爱祖国为荣，以危害祖国为耻”，爱国主义要求人们在社会生活中要切实提高对爱国主义的道德认知，树立爱国之心、报国之志的道德情怀。它强调在个人利益和国家利益发生冲突的情况下，更看重国家和民族的利益，要求人们要自觉地维护国家和民族的尊严。

(4) 爱国主义是一种实践活动。它要求人们将爱国之情、报国之志等对祖国的热情转化为报效祖国的具体行动，为国家和民族贡献自己的力量。

(5) 在当代中国，爱国与爱社会主义本质上是一致的。爱国主义是一个历史范畴。爱国主义是在人类进入阶级社会、国家产生以后形成的。不同的时代，爱国主义有着不同的具体内容。习近平总书记明确指出：“祖国的命运和党的命运、社会主义的命运是密不可分的。只有坚持爱国和爱党、爱社会主义相统一，爱国主义才是鲜活的、真实的，这是当代中国爱国主义精神最重要的体现。今天我们讲爱国主义，这个道理要经常讲、反复讲。”

在社会主义时期，爱国主义主要表现在以下方面：

爱祖国，热爱祖国的山河，这是爱国主义情感的基本表现。

爱人民，热爱祖国的人民，这是爱国主义情感的重要内容。

爱国家，热爱祖国的社会制度、发展道路、领导核心，这是爱国主义情感的最高形式，是爱国情感升华为爱国主义的根本标志。

爱国主义是中华民族精神的核心。在五千多年的发展历程中，中华民族形成了以爱国主义为核心的团结统一、爱好和平、勤劳勇敢、自强不息的伟大民族精神。在任何的历史时期，爱国主义从来都是动员和鼓舞人民团结奋斗的一面旗帜。

爱国主义反映着个体在理性基础上对于国家的情感认同，表现为个人生活方式中的一系列选择。是否具有爱国主义情操，对自己祖国的态度，直接影响着人们的行为。不同的观点，不同的态度，行为上会有本质区别。

“生于斯，养于斯”，根在祖国。热爱自己的祖国，应该说是一个人最起码的本分。背叛祖国、危害祖国，是为人所不齿的行为，也是违反法律的行为。

10.1.3 我们的家国情怀

10.1.3.1 从个体的角度来看，公民应该爱国

（1）公民爱国，就是爱自己。祖国是自己的生命根系所在，记载着祖祖辈辈的奋斗历程。不爱国、对祖国的负面情感，实际上就是一种对自我的否定。

（2）公民爱国，才能得到安全的保障。公民的生活需要安全的环境，这有赖于国家、一个强大的国家。不爱国、不建设自己的国家、不建设成为强大的国家，小家何以安宁，个人何以图存？历史和现实，都已经提供了明确的答案。

（3）公民爱国，可以增添发展的动力。爱国是个人发展、实现人生价值的力量源泉，可以给人以方向的指引、力量的凝聚、意志的坚持、前行的勇气和自信。

（4）公民爱国，就是尊重自己的国际人格。在跨出国界的交往中，人们的身份除了姓名之外，还有一个国籍的问题。承认自己的国家归属，拥有一个国家的国籍，是参与国际活动的基本条件和基本道德规范。

（5）公民爱国，才能体现人生的价值。“我是中国人”、“我们是龙的传人”，这既是一种情感，也是一种自信。热爱自己的祖国、热爱自己的国家，是人们尤其是中国人的基本价值判断。“忘祖”应该说是中国文化中对人之所以为人的最根本性的否定了。一个蔑视祖国、背叛祖国、危害祖国的人，难以立足社会，其生活的意义与价值无从实现。

10.1.3.2 从国家和民族的角度来看，公民更应该爱国

没有国，哪有家！中国是世界四大文明古国之一，有着悠久的历史和灿烂的

古代文明，长期领先世界。但是从17世纪开始，西方日益强大，中国则日渐式微。特别是近代中国的百年耻辱，更是中华子孙永久的伤痛。一部中国近代史既是资本主义、帝国主义侵略和奴役中国人民的侵略史，也是中国人民不断反抗内外压迫的抗争史，更是各阶级、各阶层人士寻求救国真理、改造中国、发展中国的探索史。

爱国，在过去，是救国救民、保家卫国；在现在，就是要实现国家富强、民族振兴、人民富裕的中国梦。

爱国主义是中华民族继往开来的精神支柱，是维护祖国统一和民族团结的精神纽带，是实现中华民族伟大复兴的动力。

10.1.3.3　家是国的基础，国是家的延伸

在中国人的精神血脉里，国家与家庭、社会与个人，已经成为密不可分的整体。《孟子》有言，“天下之本在国，国之本在家，家之本在身。”“为什么我的眼里常含泪水，因为我对这土地爱得深沉”，诗人的情感在家、在国，使人潸然泪下。这种修身、齐家、治国、平天下的人文理想，这种“天下兴亡，匹夫有责”的责任担当，这种“王师北定中原日，家祭无忘告乃翁”的忠诚执著，家国情怀已经成为人们内心之中的精神归属。“先天下之忧而忧，后天下之乐而乐”，那种与国家、民族休戚与共的壮怀，那种以百姓之心为心、以天下为己任的使命感，就来自那个叫做“家”的人生开始的地方。这就是我们今天为什么要特别重视家庭和家风建设的缘由。习近平总书记在2015年春节团拜会上的讲话指出：“家庭是社会的基本细胞，是人生的第一所学校。不论时代发生多大变化，不论生活格局发生多大变化，我们都要重视家庭建设，注重家庭、注重家教、注重家风。”他指出，千千万万个家庭是国家发展、民族进步、社会和谐的重要基点。

在几千年的历史进程和社会实践中，中国社会形成了特有的“家国同构”或者“家国一体”社会价值逻辑：

个人→家庭→社会→国家→天下

在社会生活中，“修身、齐家、治国、平天下”成为主流的思维方式和生活方式，这种把个人的追求与国家、民族的命运紧密结合起来的精神信念，就是我们所追求的家国情怀。

“家国情怀”不单纯是文人的辞藻，它就在我们每一个人的一举一动中。习近平总书记在阐述“中国梦”时讲道：“国家好，民族好，大家才会好。”这就是他对“家国情怀”的解读：只有民族复兴、国家富强才能带来人民的幸福、带来每一个人的幸福。只要每个人能把自己的事业与理想和民族相融，和国家的发展相结合，他就在体现着自己的“家国情怀”。

中央办公厅印发《关于培育和践行社会主义核心价值观的意见》将“富强、

民主、文明、和谐，自由、平等、公正、法治，爱国、敬业、诚信、友善”24个字的核心价值观分成国家、社会、个人的三个层面，这种将涉及国家、社会、公民的价值要求融为一体，契合了家国同构的价值理念，展现的就是我们的家国情怀。

知识链接

青年要自觉践行社会主义核心价值观

——习近平总书记2014年在北京大学师生座谈会上的讲话（摘录）

五四运动以来，在中国共产党领导下，一代又一代有志青年“以青春之我，创建青春之家庭，青春之国家，青春之民族，青春之人类，青春之地球，青春之宇宙”，在救亡图存、振兴中华的历史洪流中谱写了一曲曲感天动地的青春乐章。

……

我国是一个有着13亿多人口、56个民族的大国，确立反映全国各族人民共同认同的价值观“最大公约数”，使全体人民同心同德、团结奋进，关乎国家前途命运，关乎人民幸福安康。

……经过反复征求意见，综合各方面认识，我们提出要倡导富强、民主、文明、和谐，倡导自由、平等、公正、法治，倡导爱国、敬业、诚信、友善，积极培育和践行社会主义核心价值观。富强、民主、文明、和谐是国家层面的价值要求，自由、平等、公正、法治是社会层面的价值要求，爱国、敬业、诚信、友善是公民层面的价值要求。这个概括，实际上回答了我们要建设什么样的国家、建设什么样的社会、培育什么样的公民的重大问题。

中国古代历来讲格物致知、诚意正心、修身齐家、治国平天下。从某种角度看，格物致知、诚意正心、修身是个人层面的要求，齐家是社会层面的要求，治国平天下是国家层面的要求。我们提出的社会主义核心价值观，把涉及国家、社会、公民的价值要求融为一体，既体现了社会主义本质要求，继承了中华优秀传统文化，也吸收了世界文明有益成果，体现了时代精神。

富强、民主、文明、和谐，自由、平等、公正、法治，爱国、敬业、诚信、友善，传承着中国优秀传统文化的基因，寄托着近代以来中国人民上下求索、历经千辛万苦确立的理想和信念，也承载着我们每个人的美好愿景。我们要在全社会牢固树立社会主义核心价值观，全体人民一起努力，通过持之以恒的奋斗，把我们的国家建设得更加富强、更加民主、更加文明、更加和谐、更加美丽，让中华民族以更加自信、更加自强的姿态屹立于世界民族之林。

中共教育部党组关于教育系统深入开展爱国主义教育的实施意见（教党〔2016〕4号）（摘录）

党的十八大以来，党中央高度重视弘扬爱国主义精神、加强爱国主义教育，习近平总书记多次就弘扬爱国主义精神发表重要讲话。2015 年 12 月 30 日，习近平总书记在中央政治局第二十九次集体学习时指出，爱国主义是中华民族精神的核心，实现中华民族伟大复兴的中国梦，是当代中国爱国主义的鲜明主题。我们要大力弘扬伟大爱国主义精神，大力弘扬以改革创新为核心的时代精神，为实现中华民族伟大复兴的中国梦提供共同精神支柱和强大精神动力。习近平总书记强调，弘扬爱国主义精神，要从青少年做起，这方面工作是管长久的、管根本的。在各级各类学校中深入开展爱国主义教育，是落实立德树人根本任务、深化教育领域综合改革的重要内容，是培养社会主义建设者和接班人的内在要求。

[行为训练]

行为训练 1　家国情怀词语练习

根据班级人数，划分成 3~5 个小组，按要求完成以下任务：

（1）词语填空。小组成员共同完成填词任务。

齐____治____；国____民____；保____卫____；公而忘____；

____破____亡；爱____如____家；国而忘____；____计____生。

（2）演讲。通过自荐、抓阄或公推等方式，每小组推荐 1 名学生选择上述一个熟悉的成语，进行一次即兴演讲。时间在 3~5 分钟为宜。

行为训练 2　爱国主义经典诵读比赛

比赛范围：班级范围、学校范围。

比赛内容：爱国主义经典诗词。

比赛形式：灵活多样，具体根据时间和规模确定。

行为训练 3　欣赏歌曲《国家》

（1）播放歌曲《国家》。

要求：提前掌握歌词；播放歌曲；组织独唱或合唱。

（2）谈谈自己对《国家》歌词的感悟。

（3）联系实际，谈谈该如何处理好与班级、学校、国家的关系。

10.2 爱党、爱团

经过九年义务教育，同学们，尤其是共青团员们，已经学习过很多关于中国共产党、中国共产主义青年团的知识。伴随着知识的增长和阅历的积累，同学们要更加深刻地认识共青团，热爱共青团，在团组织中发挥青年作用；进一步了解中国共产党、热爱党，积极靠拢党组织，争取在党组织的关怀和教育下茁壮成长。

[案例故事]

一位年仅 21 岁的年轻军人陈永龙，患上了不治之症。在生命弥留之际，他郑重地再一次向党组织递交了入党申请书。当时有人就劝他：“你都病成这样了，还入啥党呀？别人入党是为了好前程，你图啥呀？”陈永龙摇摇头说：“你没有当过兵，你没有抗过洪，你不理解党在我心中的崇高地位。”团党委根据他的一贯表现和他与病魔抗争的顽强意志，批准了他的请求，并在病房为他举行了庄严的入党仪式。此时的陈永龙已经不能站立起来，他躺在病床上庄严地举起了右手，面对着党旗，随着教导员一字一句艰难地宣读了入党誓言，他已经无力在志愿书上签上自己的名字。五天后，这位仅有五天党龄的年轻战士闭上了他的双眼。

[析理导航]

入党，是战士的崇高追求，不是为了个人利益，而是为了在党的领导、教育下，为国家、为人民做出更大的贡献。在战争年代，共产党人抛头颅、洒热血，以身许国；在建设时期，共产党人更是身先士卒、鞠躬尽瘁，“为了保护国家和人民的利益，在一切困难和危险的时刻挺身而出，英勇斗争，不怕牺牲”。人民对中国共产党的拥护和热爱，是历史和现实得出的结论。没有共产党，就没有新中国。没有共产党，就没有中国的繁荣富强。

10.2.1　认知中国共产党

中国共产党是中国工人阶级的先锋队，同时是中国人民和中华民族的先锋队，是中国特色社会主义事业的领导核心，代表中国先进生产力的发展要求，代表中国先进文化的前进方向，代表中国最广大人民的根本利益。党的最高理想和最终目标是实现共产主义。党的宗旨是全心全意为人民服务。党的行动指南是马克思列宁主义、毛泽东思想、邓小平理论、“三个代表”重要思想和科学发展观。

中国共产党第一次全国代表大会于 1921 年 7 月 23 日至 31 日在上海举行，出席大会的各地代表共 12 人，他们代表着全国 50 多名党员。会议通过的《中国共产党党纲》主要内容有：确定党的名称是中国共产党；党的性质是无产阶级政党；党的奋斗目标是以无产阶级革命军队推翻资产阶级的政权，消灭资本家私有制，由劳动阶级重建国家，承认无产阶级专政，直到阶级斗争结束，即直到消灭社会的阶级区分；党的基本任务是从事工人运动的各项活动，加强对工会和工人运动的研究与领导等内容。

20 世纪 20 年代的中国，政党林立，学派众多。一个几十人规模的党派的出现，本为平常。但是，中国共产党是在内忧外患、社会危机空前深重的背景下，在马克思列宁主义同中国工人运动相结合的进程中诞生的。中国共产党的诞生，不在于其规模，而在于其为中国社会和中国人民树立起马克思主义的旗帜、明确共产主义远大理想，这是开天辟地的具有重大历史意义的行为，深刻改变了近代以后中华民族发展的方向和进程，深刻改变了中国人民和中华民族的前途和命运，深刻改变了世界发展的趋势和格局。

中国共产党从最初的几十名党员，到今天（截止 2015 年年底，中组部最新统计）已经成为拥有 8875.8 万名党员、441.3 万个基层组织的大党；从最初的风雨飘摇，到今天已经成为中国社会的执政党、中国特色社会主义事业的领导核心。经历过成长的阵痛和苦难，中国共产党已经成为一个成熟的马克思主义政党。

10.2.2　中国共产党的历史功绩

2016 年 7 月，习近平总书记在庆祝中国共产党成立 95 周年大会上的讲话，精炼概括了中国共产党 95 年来，团结带领人民为实现中华民族伟大复兴所取得的伟大历史贡献：

第一个历史贡献是，从1921年中国共产党成立到1949年中华人民共和国成立，中国共产党领导中华民族实现国家的独立和人民的解放。我们党团结带领中国人民进行28年浴血奋战，打败日本帝国主义，推翻国民党反动统治，完成新民主主义革命，建立了中华人民共和国。

这一伟大历史贡献的意义在于，彻底结束了旧中国半殖民地半封建社会的历史，彻底结束了旧中国一盘散沙的局面，彻底废除了列强强加给中国的不平等条约和帝国主义在中国的一切特权，实现了中国从几千年封建专制政治向人民民主的伟大飞跃。

第二个历史贡献是，从1949年中华人民共和国成立一直到1978年中国实行改革开放，中国人民在中国共产党的领导下，确立社会主义基本制度，消灭一切剥削制度，推进了社会主义建设。

这一伟大历史贡献的意义在于，完成了中华民族有史以来最为广泛而深刻的社会变革，为当代中国一切发展进步奠定了根本政治前提和制度基础，为中国发展富强、中国人民生活富裕奠定了坚实基础，实现了中华民族由不断衰落到根本扭转命运、持续走向繁荣富强的伟大飞跃。

第三个历史贡献是，从1978年12月到现在，中国共产党团结带领中国人民进行改革开放和建设有中国特色社会主义。这场伟大革命，极大激发广大人民群众的创造性，极大解放和发展社会生产力，极大增强社会发展活力，人民生活显著改善，综合国力显著增强，国际地位显著提高。

这一伟大历史贡献的意义在于，开辟了中国特色社会主义道路，形成了中国特色社会主义理论体系，确立了中国特色社会主义制度，使中国赶上了时代，实现了中国人民从站起来到富起来、强起来的伟大飞跃。

中国共产党领导中国人民取得的伟大胜利，使具有5000多年文明历史的中华民族全面迈向现代化，让中华文明在现代化进程中焕发出新的蓬勃生机；使具有500年历史的社会主义主张在世界上人口最多的国家成功开辟出具有高度现实性和可行性的正确道路，让科学社会主义在21世纪焕发出新的蓬勃生机；使具有60多年历史的新中国建设取得举世瞩目的成就，中国这个世界上最大的发展中国家，在短短30多年里摆脱贫困并跃升为世界第二大经济体，彻底摆脱被开除“球籍”的危险，创造了人类社会发展史上惊天动地的发展奇迹，使中华民族焕发出新的蓬勃生机。

习近平总书记在讲话中指出：“历史还告诉我们，历史和人民选择中国共产党领导中华民族伟大复兴的事业是正确的，必须长期坚持、永不动摇；中国共产党领导中国人民开辟的中国特色社会主义道路是正确的，必须长期坚持、永不动摇；中国共产党和中国人民扎根中国大地、吸纳人类文明优秀成果、独立自主实现国家发展的战略是正确的，必须长期坚持、永不动摇。”

10.2.3 认知中国共青团

“我们是五月的花海，用青春拥抱时代；我们是初升的太阳，用生命点燃未来……母亲用共产主义为我们命名，我们开创新的世界。”跳动的《团歌》旋律，传递出青春的激情与追求，也展现着共青团在青年中的旗帜作用。

中国共产主义青年团（简称中国共青团）是中国共产党领导的先进青年的群众组织，是广大青年在实践中学习中国特色社会主义和共产主义的学校，是中国共产党的助手和后备军。

10.2.3.1 中国共青团与中国共产党的天然联系

1919年的五四运动，使马克思列宁主义和中国工人运动进一步结合，从思想上、组织上为中国共产党的创立做好了准备。1920年8月，中国共产党为教育广大青年，更好地实行社会改造和宣传社会主义，首先在上海组织了社会主义青年团。同年10月，毛泽东同志在湖南准备建党的同时，也开始组织社会主义青年团。在此前后，各地在准备建党的同时，也组织了社会主义青年团。1921年7月，党的第一次代表大会研究了各地建立和发展社会主义青年团的问题。会后派出党员去做团的工作，加强对团的领导。在团组织日益壮大的情况下，1922年5月召开了中国社会主义青年团第一次全国代表大会。大会通过团的纲领，确定了中国社会主义青年团为中国青年无产阶级的组织，是为完全解放无产阶级而奋斗的组织（中国社会主义青年团是中国共产主义青年团的前身）。

10.2.3.2 中国共青团是党的助手和后备军

中国共青团作为党的助手和后备军，既是党建立共青团的目的，也是党赋予共青团的光荣使命。早在1949年4月，任弼时同志就代表党中央，在中国新民主主义青年团（1957年5月更名为中国共产主义青年团）第一次全国代表大会上提出了“培养出千千万万有高度政治觉悟，又有坚强的实际工作能力的优秀的革命后备军”的任务。《中国共产党章程》第十章专门列明了“党和共产主义青年团的关系”，这也充分表明了中国共青团与中国共产党的这种密切联系及其特殊作用。2016年中共中央办公厅在印发的《共青团中央改革方案》中再次强调，共青团是党的助手和后备军，是党和政府联系青年的桥梁和纽带，肩负着引导青年跟党走的政治任务。

10.2.3.3 中国共青团助力青年成长

中国共青团是中国先进青年的群众组织，在中职学生发展过程中起着积极的作用，突出表现在：

（1）增强中职学生的心理归属。中国共青团是中国社会中最大的、最具影响力的青年组织，先进青年聚集在一起，具有巨大的吸引力和凝聚力。成为团组织的一员是积极向上、要求进步的青年的迫切要求。

（2）促进中职学生的健康成长。中国共青团不是松散的组织，团员必须按照《中国共产主义青年团章程》的要求，接受团组织的教育和帮助，这有助于中职学生的成长。

（3）锻炼中职学生的社会能力。团员必须履行团员义务，积极参加团组织的各项活动，完成团组织交付的各项任务。尤其是学校团组织，会经常性地组织开展各种服务学生、服务社会的教育活动、文娱活动、志愿活动等（见图 10-1、图 10-2），这会增强团员青年的服务奉献意识、组织策划与协调等能力，有助于今后的职业活动和社会生活。

图 10-1　志愿者在行动

图 10-2　青年舞狮社训练

（4）增强中职学生的政治意识。共青团不是普通的社会团体，它具有鲜明的政治色彩，是广大青年在实践中学习中国特色社会主义和共产主义的学校，是中国共产党的助手和后备军。广大团员会在团组织的教育、引导下，坚定跟党走的信念，增强政治意识。优秀的共青团员，都会在团组织的指引下，积极靠拢党组织，争取早日加入中国共产党，更好地投入到为人民服务的伟大实践中去。

（5）积累中职学生的发展财富。在团的教育下，思想认识的提高、政治上的成熟、增长的社会能力、获得的各种业绩、积累的经验和教训等等，每一步都是人生发展的资本和财富，给青年团员提供了得天独厚的发展机会。

知识链接

最早提出“中国共产党”这一名称的是谁？

在中国共产党建党史上，最早提出“中国共产党”这一名称的是蔡和森。

1920 年 8 月 13 日和 9 月 16 日，正在留法勤工俭学的蔡和森，在给毛泽东写的两封信中，详细地探讨了共产党的问题，提出“先要组织党——共产党，因为它是运动的发动者、宣传者、先锋队、作战部”。他在对西欧各国共产党特别是俄国共产党考察基础上，提出了具体的建党步骤，其中包括“明目张胆正式成立一个中国共产党”。在此前后，陈独秀在上海、李大钊在北京也通过信函讨论了党的名称问题，决定采用“共产党”作为中国无产阶级政党的名称。1921 年 7 月，中国共产党第一次全国代表大会正式确定，党的名称为“中国共产党”。

中国共产党与中国共青团的旗帜

中国共产党党旗为旗面缀有金黄色党徽图案的红旗。红色象征革命，黄色的锤头、镰刀组成的图案为党徽，锤头、镰刀代表工人和农民的劳动工具，象征着中国共产党是中国工人阶级的先锋队，代表着工人阶级和广大人民群众的根本利益。

中国共产主义青年团团旗的旗面为红色，象征革命胜利；左上角缀黄色五角星，周围环绕黄色圆圈，象征中国青年一代紧密团结在中国共产党周围。

[行为训练]

行为训练 1　展示党旗、团旗

任务单：班级以小组为单位，通过画海报、漫画等形式展示党旗、团旗。

任务目的：通过展示、观察党旗、团旗，了解党旗、党徽、团旗、团徽及其图标所代表的含义，了解共产党、共青团的发展历史。

任务要求：各组成员都应在组长的组织下积极参与完成任务。

展示党旗、团旗。

小组人员：______________________________

小组讨论：经过自己的观察，讨论党旗、团旗所代表的含义，讨论党的发展史和团的发展史。

行为训练 2　歌唱党的歌曲

任务要求：

（1）播放下列两首歌颂党的歌曲：《党啊，亲爱的妈妈》、《颂歌献给亲爱的党》。

（2）组织班级合唱团，学习演唱。

（3）体会歌曲中表达的人民对党的热爱之情。分组交流，谈谈自己的感受。

10.3　爱国，有道

作为一名中职学生，我们应该了解公民责任，树立公民责任意识，用自己的实际行动践行公民之责。在学生时期，我们青年的公民之责，就是将自己的前途与祖国的发展相结合，努力学习科学文化知识，培养良好思想道德素质，努力学好建设祖国的本领，做社会主义合格的建设者和接班人。

[案例故事]

案例 1：伟大的周总理在小时候就立志要“为中华之崛起而读书”。

案例 2：著名科学家钱学森，在新中国成立时任加利福尼亚工学院超音速实验室主任和“古根罕喷气推进研究中心”负责人。但他放弃了国外的高薪和发展，突破重重难关、历尽艰辛才回到祖国怀抱。回国后，在我国国防科学事业中奉献了自己的一生。

[析理导航]

10.3.1　爱国，公民的责任

任何一个国家都讲爱国主义，都会要求他的国民拥护、爱护自己的国家，这不仅是情感、道德和政治的规范要求，往往也是一种法律规范，以国家的强制力来保证每个人履行其对国家的责任和义务。我们的国家也不例外。

《中华人民共和国宪法》第二章“公民的基本权利和义务”中明确规定“公民有维护国家统一和全国各民族团结的义务”（第五十二条）；“公民必须遵守宪法和法律，保守国家秘密，爱护公共财产，遵守劳动纪律，遵守公共秩序，尊重社会公德”（第五十三条）；“公民有维护祖国的安全、荣誉和利益的义务，不得有危害祖国的安全、荣誉和利益的行为”（第五十四条）；“保卫祖国、抵抗侵略是中华人民共和国每一个公民的神圣职责；依照法律服兵役和参加民兵组织是中华人民共和国公民的光荣义务”（第五十五条）；“公民有依照法律纳税的义务”（第五十六条）。

宪法是国家的最高法，在保障公民基本权利的同时，要求公民必须履行对国家应尽的义务，要以高度的责任感和使命感关心国家的安全、荣誉和利益，同一切危害国家的行为作斗争。中职学生是发展着的力量，是国家的未来和希望，必须明确自己对国家的责任，并努力践行。

10.3.2 敬礼国旗

中华人民共和国国旗是中华人民共和国的象征和标志。每个公民和组织，都应当尊重和爱护国旗。对于中职学生来说，爱国最直接的表现之一就是尊重国旗。为了维护国旗的尊严，增强公民的国家观念，发扬爱国主义精神，国家制定了《中华人民共和国国旗法》，其中要求“全日制学校，除寒假、暑假和星期日外，应当每日升挂国旗”，“全日制中学小学，除假期外，每周举行一次升旗仪式”。

因此，参加升旗仪式（见图 10-3），是中职学生在校园里履行公民义务，体现公民爱国情怀的最基本的表现。

图 10-3　某学校升国旗仪式

参加升旗仪式的基本要求是：

（1）举行升旗仪式时，全体师生集合，列队整齐，面向国旗，肃立致敬。

（2）学生要仪表规范，仪态庄重，穿着校服，脱帽肃立。

（3）在升国旗和聆听国旗下讲话的过程中要保持安静，不能喧哗、走动、打闹、玩手机、戴耳机、东张西望、心不在焉。

（4）当参加升旗仪式迟到时，恰逢升国旗奏国歌要立即停止走路，严肃立正，等待升旗仪式完毕后，方可继续行走或迅速归队。

（5）升国旗唱国歌时要有激情，曲调准确，声音洪亮。

（6）升旗仪式结束，主持人宣布礼毕时方可按秩序退场。

10.3.3 中职学生，爱国有道

孙中山曾说：“做人最大的事情是什么呢？就是要知道怎样爱国。”

过去的时代，岳飞“精忠报国”是爱国；孙中山矢志“振兴中华”是爱国；夏明翰“砍头不要紧，只要主义真”是爱国；刘胡兰“生的伟大，死的光荣”是爱国；董存瑞舍身炸碉堡是爱国。现如今，我们享受着先辈们创造的幸福生活。在和平年代，在社会主义建设的新时期，我们中职学生应该如何爱国？

爱国，从“我”做起。爱国不仅是一种情感，更是具体的行动。我们每一个人都是国家的一分子，都是国家的主人。爱自己的国家、建设自己的国家，是我们每一个人的责任。众志成城，国家的尊严、国家的利益、国家的富强，需要我们每一个人为之添砖加瓦。

爱国，从小事做起。随手关灯、节约用水、不随地吐痰、不乱扔垃圾、不乱刻乱画、谈吐文明、讲究礼貌、助人为乐、维护公共秩序、认真参加升国旗仪式、认真唱国歌、拒绝有损国家尊严的言行，这些都是中职学生爱国的具体表现。爱国未必都轰轰烈烈，爱国也可以从点滴做起。

爱国，从成才做起。中职学生是成长中的力量，是祖国的未来。中职学生的爱国使命更主要地体现在发展上，要努力把自己培养成国家建设的有用之才。爱国，不是喊口号。要培养自己的爱国热情，更要学习专业理论、训练专业技能，不断丰富自己的社会实践能力，用真才实干报效祖国。

知识链接

关于规范国歌奏唱礼仪的实施意见

国歌是国家的象征和标志。我国宪法明确规定，中华人民共和国国歌是《义

勇军进行曲》。国歌凝结着中国共产党领导人民争取民族独立、人民解放和实现国家富强、人民富裕的全部奋斗，是鼓舞人民奋勇前进的强劲旋律，是进行爱国主义教育的鲜活教材。热爱、尊重国歌，学唱、传唱国歌，规范、普及国歌奏唱礼仪，对于激发人们爱国报国情感、培育和践行社会主义核心价值观，具有重要作用。为更好发挥国歌在推进社会主义核心价值观建设中的教育引导作用，现就规范国歌奏唱礼仪提出如下意见。

一、国歌奏唱场合

1. 国歌可以在下列场合奏唱。重要的庆典活动或者政治性公众集会开始时，正式的外交场合或者重大的国际性集会开始时，举行升旗仪式时，重大运动赛会开始或者我国运动员在国际体育赛事中获得冠军时，遇有维护祖国尊严的斗争场合，重大公益性文艺演出活动开始时，其他重要的正式场合。

2. 国歌不得在下列场合奏唱。私人婚丧庆悼，舞会、联谊会等娱乐活动，商业活动，非政治性节庆活动，其他在活动性质或者气氛上不适宜的场合。

二、国歌奏唱礼仪

1. 一般要求。奏唱国歌时，应当着装得体，精神饱满，肃立致敬，有仪式感和庄重感；自始至终跟唱，吐字清晰，节奏适当，不得改变曲调、配乐、歌词，不得中途停唱或者中途跟唱；不得交语、击节、走动或者鼓掌，不得接打电话或者从事其他无关行为。国歌不得与其他歌曲紧接奏唱。

2. 外事活动。除遵守一般要求外，着装应当符合外事活动要求；遇接待国宾仪式或者国际性集会时，可以连奏有关国家国歌或者有关国际组织会歌。

3. 运动赛会。除遵守一般要求外，国歌奏唱仪式开始前应当全体起立；比赛中遇奏国歌的情况，在不违反竞赛规则的前提下，应当遵循裁判指示暂停比赛活动。

4. 学校活动。除遵守一般要求外，少先队员应当行队礼。

三、开展宣传教育

1. 普及国歌内容。各类学校要将国歌歌词和曲谱作为教育教学的重要内容，小学、幼儿园要组织学生学唱国歌。各类新闻媒体和宣传文化阵地要加大国歌内容的宣传力度，从历史和现实的结合上解读国歌的深刻内涵和蕴含的精神，使人们理解国歌、记住国歌、唱好国歌。各地要广泛组织群众学唱国歌，开展国歌传唱活动，让国歌的旋律在全社会响亮起来。

2. 普及国歌奏唱礼仪知识。要综合运用多种方式进行国歌奏唱礼仪宣传普及，使人们知晓国歌适宜奏唱的场合和应当遵守的礼仪规范。要广泛开展国歌奏唱礼仪体验活动，让人们在参与中感悟国歌的真谛和力量，增强对国歌的礼敬感。

3. 开展对违反国歌奏唱礼仪行为的监督。地方各级人民政府对本行政区域内的国歌奏唱行为实施监督管理。对在不适宜的场合违规奏唱国歌并造成不良社会影响的现象，对奏唱国歌时不合礼仪的行为，要批评教育，严肃纠正，增强国歌奏唱的严肃性和规范性。

（中共中央办公厅、国务院办公厅2014年12月12日发布并实施）

[行为训练]

拍摄视频短片——我身边的公民义务

任务单：班级以小组为单位，在校园组织并录制一段履行公民义务的视频，并在班会期间利用多媒体展示，以此来宣扬履行公民责任的重要性，从我做起，从现在做起，从小事做起，向社会传达正能量。

任务目的：在制作履行公民义务的视频过程中，牢牢树立公民责任意识，争取在今后身体力行地去为社会的发展贡献自己的一份力，并向身边的人宣传责任意识，让履行公民责任的正能量在社会不断扩散和发扬，争取得到全民响应。

任务要求：全班分为3组，各组应明确分工，选定组长，细化任务，全员参与，积极投入。

活动内容：

（1）分组与讨论。

小组人员：____________________

小组讨论：讨论有哪些行为属于公民义务范畴？如何才能在视频中绘声绘色地表现这些公民义务？

____

____

____

____

（2）进行拍摄。

1）选定组长，细化拍摄任务，任务分解，明确组内成员分工。

2）形成完整翔实的拍摄计划安排，并由组长监督完成。

① 确认拍摄地点以及具体时间。

② 落实拍摄设备以及相应的保障物资。

③ 确认拍摄形式：微电影、实况记录、公益广告。

④ 选取履行公民义务的表现行为：举止文明、爱护公物、尊老爱幼等。

⑤ 总结拍摄经验，并随拍随改。

3）进行视频的后期制作，可以制作有特色的公益解说词以备展示之用。

（3）小组展示。填写表 10-1。

表 10-1　视频信息

组　别	传达的信息	凸显的意义	宣扬的精神
1			
2			
3			

在教师的指导下，各小组将准备的作品一一展示。展示中，各组拍摄的作品必须紧扣履行公民责任这一主线，各组成员必须描述自己拍摄的内容所要传达的信息、所要凸显的意义、所要宣扬的精神。

（4）评价。评价结果填入表 10-2。

表 10-2　评价结果

组别	拍摄分			表现分		全员参与分		总计
	拍摄内容（20%）	拍摄层次（10%）	视频特色（10%）	现场发挥（20%）	现场发挥（20%）	参与态度（10%）	组织管理（10%）	
1								
2								
3								

（5）感悟。通过参与该行为训练，经过思考，写下体会和感悟。

11 成长，筑就中国梦

实现中国梦，这是何其伟大的奋斗目标，何等恢弘的壮阔事业！实现中国梦，需要几代人的努力，不久的将来我们也将成为圆梦的中流砥柱。“雄关漫道真如铁，而今迈步从头越”，只有拿出实干精神，以实干为荣、以实干为责，“实”才能在复兴之路上昂首前进，“干”才能让中国梦变成现实。延续“五四”传统，弘扬“五四”精神，在波涛滚滚的历史洪流中，怀揣青春梦想的广大中职学生到中流击水、在浪尖弄潮，以执著信念、优良品德、真才实学做坚定不移走中国特色社会主义道路的先锋队、生力军，就一定能绽放激情梦想，成就精彩人生。

11.1 彩虹总在风雨后

前途是光明的，道路是曲折的。人生中的挫折是不可避免的，也是无法预知的，但是我们要勇于面对挫折，有多少名人不是这样？正如贝多芬，作为音乐家的他竟然如此不幸——双耳失聪！这对他的打击是多么的大，若不是他坚持与命运做斗争，我们又怎能听到如此优美的音乐，如此有感情的音乐呢？

其实，我们也可以这样。只要我们意志坚强，勇敢地面对挫折，向困难发起挑战，善于把前进道路上的绊脚石变成垫脚石，我们即使不能够像贝多芬那样伟大，也总是向成功迈进了一小步！“阳光总在风雨后，乌云上有晴空，珍惜所有的感动，每一份希望在你手中。阳光总在风雨后，请相信有彩虹，风风雨雨都接受，我一直会在你的左右。”正如这首歌，就让我们一起，为了我们的目标——去挑战风雨，追寻自己人生中最美丽的“彩虹”吧！

［案例故事］

讲解员尤玮，从一名普通的中职生迅速成长为“2007 年上海十佳讲解员”、中共“二大”会址纪念馆宣教部主任。她在上海市团市委、徐汇区团委等单位举办的优秀中职毕业生报告会上介绍了自己的成才经历。

1998 年尤玮被上海市信息管理学校图书情报管理专业录取。和其他同学不同的是，尤玮没有丝毫的挫败感。她说，考大学是为就业，读职校一样可以找到合适的岗位，与其郁郁终日、荒废时光，不如踏踏实实走好脚下的路。进入职校的第一个寒假，尤玮就去区图书馆寻求实习的机会。第一份实习工作是将原来手写的目录书卡输入电脑，没有限定的工作量，也不限时上交，“做多少”、“怎么做”，完全取决于个人“自觉”，但尤玮做得很用心。2001 年在区图书馆老师的推荐下，尤玮到鲁迅纪念馆参加志愿服务，并在一次偶然的机会下当上了讲解员。

做了多年的讲解员尤玮一直有一个习惯，随身携带一个小记录本，随时记录自己的最新收获和体会；遇到不懂的疑难问题，她也会第一时间写下来。只要有时间，尤玮都会跑到展馆里面，认真研究每一块展板、仔细端详每一张历史照片。遇到疑惑，她立即记录下来，并及时向专家请教。

每次讲解前，尤玮都会和参观对象进行简单的交流，了解参观者的年龄、职业等特征，因人施讲，每次讲解的讲解词各不相同。“因人施讲”可以调动参观者的参观兴趣。讲解完毕后，尤玮会鼓励大家努力，力争将大家的事迹展示出来。她的讲解得到了大家的好评。

[析理导航]

“要想人前显贵，先得人后受罪”，这句话虽不科学，确也有一定的道理，没有人能随随便便成功。尤玮每次半个小时的讲解，需要幕后多次的演练。尤玮不断严格要求自己：争做一名优秀的讲解员，既要有教师的风范，又要有艺术家的风采，还要有学者的底蕴。她就是一名普通的中职生。

11.1.1　把握时间，规划人生

每个人都应循序渐进，向着理想一步一步前行。而这每一步都需要时间，任何一步都不可能一蹴而就。决心再大、意志再坚定，没有将其付诸实践的时间，一切都是不可能。每位学生都希望能够有好的成绩，但有的人浑浑噩噩地浪费时间，今天的作业想着明天再写，明天的作业后天写，推到最后就是一片空白。等到幡然悔悟，“临时抱佛脚”点灯熬油到天明，已经晚了。所以还是古话说得好——“莫等闲，白了少年头，空悲切。”

时间就是改变，改变就需要时间。要想在你的生命里留下点什么，要想使你的人生更加绚烂，要想使你的理想终成现实，就要把握当下的每一分每一秒。我们要学习时间管理知识。

时间管理就是指通过事先规划和运用一定的技巧、方法与工具实现对时间的

灵活有效运用，从而实现个人或组织的既定目标。中职学生无论是在校住宿还是走读上学，都应该把每天的 24 小时计划好，把每周的 7 天计划好，把每年的 12 个月计划好。在时间的分配上，不能先把时间分配给打游戏和看电影，或是胡思乱想，而应该先安排出自己的睡眠、上课和读书的时间。如果没有充足的睡眠，你的身体状况就不可能好；而上课、读书是中职学生最重要的事。当然，除此之外，我们还必须吃饭、交际、运动，并处理生活上的琐事。合理分配时间很有必要。

要让自己的梦想成真，要拉近理想与现实的距离，要在自己人生道路上减少失败，就必须把握住时间，规划人生。所以，赶紧努力吧！

11.1.2 正视现实，迎接挑战

首先，人在前进的过程中，没有一帆风顺的。“一切顺利”，永远是一句善良的祝福。要想见彩虹，就得经受风雨。在人生发展的各个阶段，我们总会遇到各种各样的问题，上学有上学的问题，工作有工作的问题，生活有生活的问题，人生就是在解决矛盾和处理问题中度过的。这种认识和态度，是我们在人生道路上前行的首要条件。否则，你将无法前行！人不能企求永远在阳光下生活，挫折无法避免，挫折与人生结伴而行。有了这个认识，人们也就有了心理准备，不会在挫折面前惊慌失措。

其次，要辩证地看待前进道路上的困难与挫折。挫折固然不是一件好事，它会给人造成痛苦，磨损人的锐气，甚至可能摧毁一个人的精神，使之最终被挫折所压倒，但是挫折往往又会成为人体内部的“发动机”，它会使人总结教训，探究出现困难、导致失败的原因，从而使人的认识产生创造性的变迁，增长自己的才智。通过对挫折的正确认识，形成对待挫折的积极情绪和行为反应——面对挫折，不是采取逃避、否认、夸大、压抑、固执甚至攻击等消极的情绪反应和应对方式，而是采取乐观、理智、积极的心态，敢于面对，分析造成挫折的原因，寻求解决的策略，从而不断地解决问题，在克服挫折中不断地走向成熟。

再次，提升自我的实践能力。要驱赶前进道路上的拦路虎，光靠“吆喝”是难以奏效的。要有正视困难的态度，要有战胜困难的勇气，还要有解决困难的“本领”。因此需要科学的世界观和方法论的指导，寻找战胜困难和挫折的智慧；要学习科学文化知识和专业技能，苦练基本功，找寻克服困难的手段和方式方法。胜利属于智者，胜利属于强者，胜利属于永不言败、勇于坚持的人。

11.1.3 不忘初心，砥砺前行

无论到什么时候，都不能忘记为什么出发。挫折给人压力，但压力能磨砺意志，造就人才，使懦弱变勇敢，使摇摆变坚毅。“自古雄才多磨难”，在中外历

史上，真正出类拔萃者，大都是那些历尽艰辛、在挫折中磨炼出坚强的意志、在逆境中不懈奋斗的人。心理学家也认为，轻微的挫折可以提高人对挫折的免疫力。正因为如此，中职学生不能回避学习、生活、工作上的困难情境，要进行挫折的“免疫接种”，积累挫折的经验。

从人生的经验来看，谁的人生也离不开困难和挫折。青少年是成长中的新事物，有缺点、出差错甚至走点儿弯路也属正常，人们会给予其更多的理解和包容。有了经历、有了体验、有了感悟、有了反思、有了提高，才有了成熟和发展。“少壮不努力，老大徒伤悲”，若老之将至，还是错误不断、一事无成，谁还会理解你，岂不是悲惨的人生！如果把应对挑战、克服困难、经受挫折，看做是人生的“不舒服”或者是“受罪”，那么请记住：“早不受罪晚受罪，早晚受罪；早受罪是磨炼，晚受罪是磨难。”

面对挫折，为什么有的人会一蹶不起，而有的人却变得勇敢，勇往直前？这是因为后者善于“吃一堑，长一智”。在感受到挫折后，能冷静地分析受挫的缘由，从而摆脱困境、战胜挫折，变失败为成功，避免重蹈覆辙。所以我们要做有心人，要学会积累经验。

积累经验，仅仅通过冷静的分析，弄清造成挫折的原因是不够的，还应找出相应的改进措施。具体说来，有以下几种方式：

（1）更加努力。当在通向目标的道路上遇到困难和阻碍时，通过分析，发现自己所追求的目标是现实的，那么就不要灰心丧气，鼓起勇气，做出加倍努力，克服重重困难，直至最后达到目标。

（2）改变行为。当采取某种行为达不到目标时，通过变换行为的方式，通过别的途径和方法来达到目标，或化消极因素为积极因素，改变行为方向，就有可能获得成功，达到目标。俗语说的“大路不通小路通，旱路不通水路通”即此意。

（3）调整目标。当动机和行为由于自身条件或社会因素的限制，经过再三尝试仍不能达到目标时，有必要调整目标或降低要求或改变行为的方向，以减缓心理上的冲突，增强前进的勇气和信心。因为调整了不适当的目标，就能使适当的目标得以实现。

[行为训练]

励志歌曲比赛

任务单：在全校范围内组织励志歌曲歌唱比赛。先在各班级内分小组比赛，然后选拔优秀选手参加全校的比赛。

任务目的：通过励志歌曲演唱以及情境激发干预策略，试验激励训练对引导学生积极行为和负面情绪宣泄的有效性；利用励志歌曲对情绪的巨大影响作用，来调节干预中职学生的情绪行为。

任务要求：班级内部组建竞赛小组，各组评比优秀作品参与班内选拔后推荐到系部进行评比，各系部汇总优秀作品推选评选出校内“十佳励志”歌曲。

活动内容：

（1）小组推荐。

小组人员：________________

小组讨论：经过自荐、推荐，最终选出本班级最好的励志歌曲演唱者。

____

____

____

____

（2）系部推荐。各班把选出的励志歌曲表演者推荐至系部（填入表11-1）。

表11-1　歌曲推荐

班　级	歌　手	曲　目

（3）校内评选“十佳励志”歌曲。

（4）感悟。通过参与该行为训练，经过思考，写下自己的体会和感悟。

____

____

____

____

11.2　在挫折中成长

挫折犹如大海上变幻莫测的风浪，总是在突然之间打乱人们平静的生活，平庸的人可能从此一蹶不振，非凡的人却能将其化为熊熊火焰，激发斗志和信心，使原本平凡的生命得到升华，放出万丈光芒。如果说生命是一朵常开不败的花，挫折便是滋润花的养分。作为最生机蓬勃的青少年，在遇到困难挫折的时候，不妨笑脸相迎，告诉自己——“天将降大任于斯人也，必先苦其心智，劳其筋骨，饿其体肤，空乏其身，行拂乱其所为”，有理想、有目标地昂首向前。

[案例故事]

案例 1：杨光，一个家喻户晓的名字，他是“星光大道”的明星，出生八个月就因为患病双目失明，还在襁褓中嗷嗷待哺的时候就走进了黑暗的世界。他依靠与生俱来的音乐天赋，刻苦学习，三次进京闯生活，在这段期间他最爱的爷爷、奶奶和爸爸相继离世，在困境和挫折面前，他性格开朗、性情幽默，乐观面对生活，走上了成功的人生之路。

案例 2：学生的“心声”：作为典型的 90 后、00 后，父母的关爱和呵护，就是唠叨和刁难，就像唐僧，能把人唠叨出病来；老师的教育和指导，就是小题大做、故弄玄虚，就像幼儿园的阿姨把我们当成不懂事的孩子。我们需要理解、信任和自由，而不是挨训、挨打，每次试图的沟通都是徒劳。所以我们像是一个胆小的刺猬，自我封闭与开放同存于思想中。我们自信，但较为脆弱；我们重视维权，但时常受限；我们渴望知识，但负担太重……

[析理导航]

意志力薄弱、耐挫折能力差是青少年的特点，是困扰青少年教育的突出问题。因承受不了困难、委屈、批评、责备等打击而轻生，就是挫折教育不力的表现。如果不能正确对待学习、生活中的困难和挫折，今后又怎能适应社会的需要？因此，增强中职学生的耐挫力，进行有效的挫折教育势在必行。必须培养青少年的抗挫折能力，引导中职学生认识挫折，了解面对挫折的自我情绪管理，引导学生进行自我坚韧性的训练，控制力的养成，逆境中引导自己走出挫折能力的训练，耐挫力的训练，超越逆境的心理素质如竞争力、进取心、创造力、毅力、冒险精神、应变能力等的训练。

11. 2. 1 挫折的内涵

挫折是人们在有目的的活动中，遇到无法克服或者自以为无法克服的障碍和干扰，使其需要或者动机不能得到满足的一种消极反应。中职学生由于认识、能力水平有限，经验不足，自我控制能力差，其愿望与现实之间往往存在各种矛盾，这些矛盾使中职学生心理发展不稳定、脆弱，容易遭受打击，形成挫折心理。

挫折具有三层含义。

（1）挫折情境：需要不能得到满足的内外障碍或干扰等情境因素。

（2）挫折反应：对自己需要不能满足时产生的情绪或行为反应。

（3）挫折认知：对挫折情境的知觉、认识和评价。

挫折产生的原因有外部的，也有内部的。外部因素如社会环境和社会规范；内部因素如个人生理、心理因素等带来的阻碍、限制。

11.2.2 挫折类型

挫折有很多类型，对于中职生来说，主要有：

（1）体相问题。身材、容貌不符合自己的理想而产生的挫折心理，主要表现是自卑、焦虑等。

（2）学习问题。学习和活动中想要证明自己的能力，但由于意志力差、基础差、学习方法不当等没能如愿以偿而产生的挫折心理，主要表现是自卑、紧张、冷漠、逃避等。

（3）情感问题。有早恋的情感与行为，不能正确处理，形成单相思或失恋等后果而产生的挫折心理，主要表现为痛苦、消沉等。

（4）人际问题。与同伴交往中渴望找到能相互理解、互诉衷肠、互相帮助的朋友，但由于不善于处理交往中出现的问题而产生的挫折心理，主要表现为茫然、失落、孤独等。比如：受同学嘲笑，遭同学欺侮，背后被人说坏话，玩耍时不受同伴欢迎等遭受心理挫折，易于陷入孤独、自卑中。

11.2.3 中职学生面对挫折的情绪反应

（1）焦虑。主要表现为紧张、不安、忧虑、恐惧等感受交织形成的复杂心情。精神上会出现担忧、紧张、不安全感、焦躁不安和害怕等不同程度的焦虑情绪；躯体上会有口干、吞咽困难、上腹部不适、消化不良、腹胀、胸闷、心悸、心前区不适或疼痛、耳鸣、视力模糊、周身不适、头晕、失眠等症状。当学生遇到挫折时，内心会充满紧张和焦虑。比如：考试成绩差，害怕同学嘲笑，担心父母责骂。有的干脆把试卷藏起来，不让父母看到。

（2）攻击。主要表现为缺乏社会教养的行为失调，目的是直接伤害他人。美国心理学家斯图尔特认为攻击反映具有五个特点：攻击性（打架、辱骂）、不服从性（漠视命令、反抗权威、不尊敬师长）、反社会性（偷、盗、残忍、不当的性行为）、活动性增高（烦躁不安、冲动、经不起挫折）、自我中心（自私、喜欢指责和支配他人、故意惹人注意)。比如：某学生争强好胜，自控力差，受挫后很容易引起攻击性行为。受到同伴嘲笑，他就会以拳头来对付这位嘲笑他的同学；受到老师的批评，以后就不愿听这位老师上课，甚至将怒气发泄到比自己弱小的同学身上。

(3) 冷漠。主要表现为对待周围的人和事物无动于衷、漠不关心，表面冷漠退让，内心往往隐藏得很深的痛苦，是一种受压抑极深的反应。

(4) 退化。主要表现为与自己的年龄、身份极不相称的幼稚行为。这是成熟向幼稚倒退的反常现象。

(5) 幻想。幻想就是以自己想象的虚幻情景来应付挫折，借以摆脱现实的痛苦，并在此虚幻情境中寻求满足。

(6) 固执。执著地用固有的方法（模式）应对不同的环境刺激。

(7) 自杀。一些学生承受挫折的能力特别弱，他们以逃避的方式对待挫折。比如：成绩不好，遭到老师或父母的批评，就会离家出走，更有甚者以自杀的方式来逃避生活和学习中的挫折。

11.2.4 应对挫折的策略

11.2.4.1 我就是我——自我尊重的合理调试

自我尊重指一个人如何感受自己。心理学家把人们所做的所有的积极的和消极的自我评价称为自我尊重，但人们面对自己时总不能冷静、客观和公正，因此自我尊重属于自我意识中具有感情色彩的部分。人孤零零地降生，血脉相连的父母是唯一的依靠，之后有了丧失和死亡的概念，于是有了害怕，需要寻找一种新的依赖建起堡垒——即自我尊重。之后接受教育，从老师那里系统学习文化知识和技能，接受、认可和赞同所处的世界，并积极主动地适应世界，升华生命的价值，产生自我尊重感。

(1) 客观地认识自己，积累经验形成衡量自己的尺度。明辨善良与邪恶，评价自己的为人；分析聪明和愚蠢，判别自己的智慧；比较成熟与幼稚，判断自己的发展程度。疏通自我的信息渠道，进行社会比较，客观地处理“向上比较”和“向下比较”利弊，发觉内心的自尊、自信、理解和勇气，多与父母、老师和朋友谈心，分享快乐与骄傲、矛盾与痛苦，对自己形成正确客观的评价。

(2) 我可以做到。自我认识并不等于自我尊重。人世间最可怕的怀疑就是怀疑自己，在没有尽力之前不要放大痛苦、放弃决定。只有在无限的坚持与努力后才能收获成功的喜悦和自我尊重的满足。

(3) 正确对待他人的评价。他人的判断具有内控性和外控性两大特点，与他人的道德规范和受教育程度有很大的关系。著名心理学家费雷德·阿德勒在孩童时代被老师认为没有数学天分，但一次课堂上他解出了大家都不会的习题而震惊四座，从此他相信自己能成为优秀的人并为之努力，最终收获成功。他的做法无疑是积极和正确的。同样比如我们班的篮球队赢得了校冠军，为班级增添了荣誉，我们会忽略其他班级可能是败在阵容不齐，而认为自己技艺略胜一筹。聪明的人应该利用这种评价为自己服务，为自我尊重的大厦添砖加瓦。

（4）做独一无二的自己。每个人要认识自身的重要性。你也许默默无闻，并不优秀；也许稍显顽劣，但无伤大雅，依然有权利绽放自己的青春，积极展示自己的风采，向自己和他人证明能力和价值，赢得自我尊重。

11.2.4.2　战胜学习中的挫折

学习中的挫折可能是当前大部分学生面临的最大的挫折，学业也是中职学生从小到现在唯一一件需要自己负起责任的事情。学习任务繁重、成绩不理想、同学间竞争激烈、父母的期望值等等，都会使学生的精神压力增大。学习目标的实现一旦受阻，就会产生不良的反应。如何克服这些挫折？

（1）对学习挫折正确归因。“古之成大业者，不惟有超世之才，亦必可有坚忍不拔之志”。可见，坚持性、顽强性和自觉性等优秀意志品质的缺失，都可能使学习目标一个个化为泡影。所以，只有不断地端正学习态度，修正学习计划，调整学习方法，磨炼意志品质，才能成就一番事业。

（2）掌握有效的学习方法。学习方法具有目的性、系统性和适应性的特点，要合理利用时间，提高学习效率。课前预习、课后复习，是很多成功学子的经验，但却往往被很多人忽视。时间对于所有人都是公平的，关键是如何挤时间、如何合理利用时间。我们应科学地使用大脑，克服学习疲劳，掌握记忆规律，勤于思考问题，不懂就问，勤学苦练，提高学习成绩。

（3）分解目标，逐步实现。为自己定一个可行的计划，让它推动你一步步前进，想着每天必须完成的事情，付之辛苦的坚持。比如，跑1000米太可怕了，你不妨就多找几个参照物，一段一段地去接近终点。不必艳羡他人的成绩，守着自己的执著和坚持，一个任务一个任务地完成，必定会达成目标，收获自己的自豪和骄傲。

（4）挖掘优势，树立信心。“金无足赤，人无完人”，不能因为当初考分低，进了职业学校，就认为自己一无是处。应该相信自己，挖掘潜能，克服学习上遇到的挫折，磨炼意志，努力发展一技之长，为自己赢得广阔的发展空间，争取成功。

11.2.4.3　摆脱人际交往烦恼

中职阶段是个体社会化的重要时期。社会化的完成离不开人与人的接触。人际交往，是人与人之间通过一定方式进行接触，在心理上和行为上发生相互影响的过程。中职生的人际交往环境主要是在家庭和学校，发生于父母家人、老师、同学之间的交往。

这个年龄段的年轻人重视友谊、小团体现象突出、师生关系有所削弱、容易与父母产生隔阂等，是需要注意的问题。

（1）朋友之间。友谊犹如青少年的生活中的一盏明灯，又如空气不可缺少。当你离家选择上中职，而你的朋友选择高中或就业，抑或你的好朋友又有了新朋友而忽略甚至取代你的地位，对你造成的挫折称为归属挫折。这是好多新生入学后面临的最大问题。应当认识到，朋友不可能永远厮守在一起，获取友谊应该是多元化的。友谊的价值在于不干涉和伤害各自的独立性和相互忠诚的不离不弃。任何见异思迁的友情是不牢靠的。朋友之间因为信仰、观点和行为引起分歧时，诱发分歧挫折。此时要综合分析，求大同存小异，尽可能的沟通，不可一味迁就，应该批评劝告以保持正确的友谊导向。朋友间因外界流言、挑拨产生误会引起误会挫折，要客观分析，尽快消除错觉和误会，误会一旦消除，友谊就会升华。需要警惕的是中职学生中存在的“烟酒朋友”、无原则的“两肋插刀”、动不动就找人“拔闯儿”的现象，一时的冲动，可能会给自己、给他人带来更大的烦恼。

（2）亲子之间。当与父母产生分歧时，要互相尊重和谅解。当认为父母错怪自己时，要克制并适当解释。当要求被拒绝时，要理解并注意分析。当受到父母打骂时，要注意躲避不要暴力对抗。当父母工作受挫时，要风雨同舟，共渡难关。当父母生病时，要关心抚慰、承担家务。当灾难降临时，要坚强面对、积极行动。

（3）师生之间。教师承担着教学和管理的双重任务，面对众多个性鲜明的学生，很难对每位学生都了解得那么透彻，对每个问题的处理都那么公正，师生间应多一分理解和谅解，少一分责备和求全。用宽广的胸襟看待问题，调整好心态。作为学生要树立起自己真正稳固的自尊自信，激发自己奋发向上的精神，师生戮力同心，不荒废宝贵的青春年华，获取知识，赢得尊重。

[行为训练]

微电影

任务单：班级分成3~4个小组，以小组为单位，结合挫折教育的主题，拍摄并制作微电影进行展示。

任务目的：通过拍摄微电影的独特形式，给学生一个充分展示自我、发挥创意的舞台，教育和引导学生树立挫折意识，自觉挖掘自身潜力，增强心理免疫能力和挫折承受能力，提高对未来生活的适应性。

任务要求：以“失败带给我”为主题，拍摄一个有较强的思想性、逻辑性、说服力和感染力，能结合实际，有独立见解，时长不超过10分钟的微电影。

活动内容：

（1）拍摄准备。组内成员根据不同任务角色（编剧、演员、剧务）进行拍摄准备工作，并各自记录工作日志（内容、重点、难点）。

（2）完成拍摄。组内成员根据不同任务角色（导演、演员、剧务）完成影片拍摄，并各自记录工作日志（内容、重点、难点）。

（3）教师评价。教师从影片的思想性、逻辑性、说服力、感染力、新颖创意等方面对各组完成的影片进行评价。

（4）最终结论。教师根据微电影比赛的整体表现以及查看学生记录的工作日志，结合挫折教育的意义得出最终结论。

（5）感悟。通过参与该行为训练，经过思考，写下自己的体会和感悟。

知识链接

微电影制作流程

如何制作微电影呢？一般可分为如下几大阶段。

（1）写剧本。想出有创意的剧本，在动手写或找寻之前，必须确定微电影拍摄的主旨，不能盲目而为之。没有目的的做事情，只能是徒劳。

（2）准备设备。拍摄器材根据拍摄的微电影和器材预算来定，事先列好需要租的拍摄设备，并且考虑运用的程度，对于一些可有可无的设备，尽量去掉以节省成本。

（3）找好演员。在拍摄微电影之前，基本的剧组配备人员要齐全，分工明确，不能逮着谁就安排谁，应根据个人的爱好和能力来安排。其中，演绎人员是最重要的部分。

（4）寻找拍摄场地。可以在校园、公园或公路等地方拍摄，若有足够的资金支持，还可以简单进行布景等。场地的选择要适合微电影剧本的剧情，做到情、景、剧相结合。

（5）演员对台词充分吃透。演员事先要背好台词，并根据拍摄的画面对台词进行预演，尽量减少重复拍摄，减少拍摄时间，进而减少拍摄成本。

（6）后期制作。后期制作直接影响片子的质量，需要安排有软件制作经验或学习过软件制作的人员操作。这是后期制作微电影的关键。

以上步骤虽然简短，但是都不可忽视，每一步都非常重要。

微电影制作软件

微电影，主要在于“微”字，时间很短，一般在30~300秒之间，且故事讲述完整，有始有终。微电影制作软件主要有以下几款。

（1）Premiere。它主要用于视频的剪辑，画面编辑质量感好，是最常用的视频剪辑软件之一，广泛应用于广告制作和电视节目制作中。

（2）Edius。这是一款非线性编辑软件，专为广播和后期制作环境而设计，特别针对新闻记者、无带化视频制播和存储。拥有完善的基于文件工作流程，提供实时、多轨道、多格式混编、合成、色键、字幕和时间线输出功能。

（3）After Effects。这是一款图形视频处理软件，适用于从事设计和视频特技的机构，包括电视台、动画制作公司、个人后期制作工作室以及多媒体工作室。

（4）Nuke。这是数码节点式合成软件，提供组合和操作扫描的照片，视频板以及计算机生成的图像的灵活、有效、节约和全功能的工具，将最终视觉效果与电影电视的其余部分无缝结合的能力。

（5）Combustion。这是一款三维视频特效软件，基于 PC 或苹果平台的 Combustion 软件是为视觉特效创建而设计的一整套尖端工具，包含矢量绘画、粒子、视频效果处理、轨迹动画以及 3D 效果合成等五大工具模块。软件提供了大量强大且独特的工具，包括动态图片、三维合成、颜色矫正、图像稳定、矢量绘制和旋转文字特效短格式编辑、表现、Flash 输出等功能；另外还提供了运动图形和合成艺术新的创建能力，交互性界面的改进。

11.3 筑就美丽中国梦

“中国梦”——一个动人心弦、荡人心灵的词汇。“中国梦”把国家、民族的前途命运与个人荣辱得失紧密相连。国家未来的希望在青少年，我们肩负民富国强的重担。只有奋斗拼搏、担当奉献方可谱写青春之歌，传递青春之情，实现青春之梦。天下兴亡，匹夫有责，我们应用汗水传递青少年的正能量，用行动书写美丽的“青年梦”，用信念托起幸福的“中国梦”。

[案例故事]

案例 1：中央电视台播放的《大国工匠》节目，讲述了八个工匠“八双劳动的手”所缔造的神话。“大国工匠”的感人故事表明，只有那些热爱本职、脚踏实地、尽职尽责、精益求精的人，才可能成就一番事业，不断拓展人生价值。这是一群普通的劳动者，他们的成功之路不是上重点高中、进名牌大学，而是追求职业技能的完美和极致，靠着传承和钻研，凭着专注和坚守，他们成为了国宝级的顶级技工，成为了一个领域不可或缺的人才。他们是我们中职学生永远的偶像和榜样。

案例 2：中国有五千年的历史，文化源远流长，影响着一代代的炎黄子孙。但当前“哈日”、“哈韩”的现象日益严重，殊不知日本、韩国文学艺术在内容、题材、词汇方面都深受中国文化的影响。白居易的诗歌深受日本人喜爱，民间为其建庙，尊为诗神，日本长篇小说《源氏物语》更是得益于《长恨歌》。汉字传入韩国后，在韩国形成了“汉诗”传统。在建筑方面，藤原京、奈良、东京等城市的格局都仿照唐代长安；韩国的故宫和我国的故宫如出一辙。从日韩的服装中都不难找到中国唐装的影子。如何在新时代创造辉煌文化是值得我们深思的问题。

[析理导航]

中华民族有着灿烂悠久的文化，长期处于世界文明发展的前列。近代以来却备受欺辱，辉煌不再，但重现中国往日的辉煌是无数中华儿女矢志不渝的梦想。现在，我们比历史上任何一个时期都更接近中华民族伟大复兴的目标。我们要实现“中国梦”，要通过齐心的信念、艰苦的奋斗实现国家富强、民族振兴和人民幸福。

我们要牢记“个人梦”与“中国梦”的紧密关系，将“天下兴亡、匹夫有责”作为座右铭，把个人前途与国家和民族的命运紧密联系在一起，肩负起振兴中华的使命，坚定理想和信念，刻苦学习，积极实践，为拥抱美丽的“中国梦”努力奋斗!

11.3.1 民族复兴——中国梦

2012 年 11 月 15 日，习近平总书记指出：“每个人都有理想和追求，都有自己的梦想。现在，大家都在讨论中国梦，我以为实现中华民族的伟大复兴，就是中华民族近代以来最大的梦想。这个梦想，凝聚了几代中国人的夙愿，体现了中华民族和中国人民的整体利益，是每一个中华儿女的共同期盼。”

2013 年 3 月 17 日，习近平总书记进一步阐述中国梦，他指出：“实现全面建成小康社会，建成富强、民主、文明、和谐的社会主义现代化国家的奋斗目标，实现中华民族伟大复兴的中国梦，就是要实现国家富强、民族振兴、人民幸福，这既深深体现了今天中国人的理想，也深深反映了我们先人们不懈奋斗追求进步的光荣传统。”

“中国梦”是“自强梦”、“复兴梦”和“幸福梦”，作为一个综合国力持续跃升的大国，我们经历辉煌，忍受屈辱，迎来复兴的曙光，靠的就是一代代人的艰辛奋斗和埋头苦干，每一个为梦想注入心力的人都是国家的栋梁。人的全面健康发展和全民共享发展成果，极大地提升“中国梦”的吸引力、凝聚力和召唤力。

11.3.2 人人成才——教育梦

国家发展在人才，人才发展在教育。中国梦的实现很大程度上取决于“教育梦”的实现。有教无类、因材施教、终身学习和人人成才是教育梦的根本所在。作为青少年，我们要坚定“走中国道路”的决心。西方文化的渗透、多元社会思潮的冲击、复杂国际形势的影响，给我们的信仰带来了巨大的考验。在多样性、世俗化、市场化的现代生活中，不要将利己主义、享乐主义日常化、合理化。要弘扬“中国精神”，为祖国发展增添正能量，要用自己的勇气、智慧、创造精神，去争取美好的生活。

千里之行，始于足下。学校和老师为每个学生播下梦想、点燃希望，让每个人都能成为有用之才。“中专学历桥梁专家”林元培、“学习型农民工”王钦峰、“新型知识型工人”巨晓林都是最具说服力的实例。中国梦是“成才梦”，中职学生要把个人价值和社会价值紧密融合，把个人梦想和中国梦紧密联系在一起，立志高远，修身求知，破除自惭形秽、妄自菲薄的思维限制，脚踏实地的奋斗，成为国家兴旺的不竭动力和创新人才。

11.3.3 技能成才——我的梦

志存高远，是一切对人类作出重大贡献者的共同特征。有志向，才有梦想。梦想的拥有，让我们拥有视野，脚踏实地的汲取知识的营养来丰满自己的羽翼，实现梦想。

职业教育作为与经济社会联系最密切的教育类型，在推进实现“中国梦”的进程中发挥着不可替代的重要作用。近10年来，职业教育培养了近8000万名毕业生，年均新增的1700万就业人口中，职业院校毕业生约有1000万人，成为中高级技术技能人才的主要来源。在加工制造、高速铁路、城市轨道交通、现代物流、电子商务等行业，七成以上新增一线从业人员，是来自职业院校的毕业生。

职业院校的学生是职业教育的核心力量，“中国制造”需要成千上万的德技双馨的技能人才。如何将梦想与实践联系起来值得我们每个人深思。学校构建良好的德育环境和先进的教育环境，开展晨训、午检、校园文化活动、社团活动、文明风采、技能大赛、创新创业创效大赛、法治竞赛等活动，搭建“人人成才、人人出彩”的平台，让每一个走进学校的学生都得到尊重、关爱、服务和指导，使其拥有平等的选择机会和多样的发展空间（见图11-1）。我们应该珍惜国家、学校给我们提供的学习、发展环境，珍惜老师对我们的教育教导，不断提高自身综合素质，不断增强为祖国和人民服务的本领，努力成为能担负重任的栋梁之才。

宝剑锋从磨砺出。成绩卓越的技能人才，尽管文化不同，年龄有别，但都拥有一个共同的闪光点——热爱本职、敬业奉献。他们技艺精湛，有人能在牛皮纸一样薄的钢板上焊接而不出现一丝漏点，有人能把密封精度控制在头发丝的五十分之一，还有人检测手感堪比X光般精准，令人叹服。他们所以能够匠心筑梦，凭的是传承和钻研，靠的是专注与磨砺。“问渠那得清如许，为有源头活水来。”人的心灵深处一旦有了源源流淌的“活水”，便有了创业创造、建功建树的不竭

图 11-1 学技能，赢人生

“源泉”——“成功之源”。这个“成功之源”就是爱岗精神、敬业自觉。无数的感人故事、生动实践表明，只有那些脚踏实地、勤勤恳恳、尽职尽责、精益求精的人，才可能成就一番事业，为国家和社会做出突出的贡献。

“无限风光在险峰”。在实现梦想的路上，必定会有荆棘、必定会有险滩，我们需要用知识充实自己，用目标激励自己，用信仰支撑自己，用勇气武装自己，锤炼意志，把艰难困苦当做磨炼意志的法宝，坚持不懈、持之以恒，让自己的人生出彩，和祖国共腾飞！

[行为训练]

“中国梦 我的梦”演讲比赛

任务单： 班级分成 3~4 个小组，以小组为单位，通过组织集中学习，展开广泛调研，书写演讲内容，训练演讲礼仪。

任务目的： 增强中职生爱国情怀，继承爱国美德，弘扬民族精神；展现中职生高的综合素养，形成积极向上的班级氛围；提高中职生普通话水平，深刻感受中华文字魅力精髓。

任务要求： 各组成员都应在组长的组织下积极完成任务。

活动内容：

(1) 中职生的“中国梦”问卷调查。通过问卷调查帮助学生了解“中国梦”的同时，明确自己的理想，形成科学合理的未来规划。

1. 姓名：________性别：________出生年月：________年________月
2. 你觉得理想在人生中重要吗？(　　)
   A 重要　　B 一般　　C 不重要　　D 不好说
3. 作为祖国未来的建设者，你的个人梦想是什么？(　　)
   A 成为一名科学工作者，振兴国家科技事业
   B 成为公务员，为广大人民群众服务
   C 进入国有、国外大中型企业工作
   D 中小学教师、务农、个人做小买卖
   E 出国发展，或者移民
   F 不明确
   G 其他，请注明：________________
4. 哪些因素对你的梦想的形成影响比较大？(　　)
   A 个人兴趣　　B 亲人期望　　C 老师的教育
   D 书籍，生活环境　　F 社会的需要　　G 其他原因
5. 对于梦想，你是怎么做的？(　　)
   A 只在心里想想，什么也不做
   B 不和别人讲，但自己会在暗中努力，争取实现梦想
   C 会和周围人谈论自己的梦想，但一般没什么行动
   D 会和周围人谈论，并会付出行动，争取实现梦想
6. 你觉得当今社会，一个人要实现自己的梦想，个人条件哪些比较重要？(至多选两项)(　　)
   A 勤奋程度　　B 教育程度　　C 身体条件
   D 天赋水平　　E 机会运气　　F 年龄和性别
7. 你最早是从哪里听说中国梦的？(　　)
   A 电视新闻节目　　B 杂志报纸　　C 老师提及
   D 听同学说的　　E 之前没听说过
8. 你认为个人的梦想与国家的梦想的关系是？(　　)
   A 高度统一，我的个人梦想就是中国梦
   B 有一定的联系，我的个人梦想是所倡导的中国梦的一部分
   C 中国梦实现了，我的个人梦想也就实现了
   D 没有联系

（2）小组讨论。分析问卷，将学生按照问卷反馈的个人梦想进行分组。各组按照以下三个问题进行交流讨论，并形成演讲稿。

1）我的梦想是什么？

2）“中国梦”与“我的梦”的关系？

3）如何才能实现“中国梦”？

（3）比赛点评。教师从演讲的主题立意、文字组织、演讲礼仪等方面对各组进行点评。

（4）最终结论。教师根据演讲比赛的整体表现，结合学生所展示的“个人梦想”得出最终结论。

（5）感悟。通过参与该行为训练，经过思考，写下自己的体会和感悟。

参考文献

[1] 田国秀．团体心理游戏实用解析［M］．北京：学苑出版社，2010.
[2] 金正昆．服务礼仪教程［M］．3 版．北京：中国人民大学出版社，2010.
[3] 蒋乃平．职业生涯规划［M］．2 版．北京：高等教育出版社，2013.
[4] 王红梅．自我学习能力（学生版）［M］．北京：中国劳动保障出版社，2013.
[5] 费长群．中职生安全教育［M］．长春：东北师范大学出版社，2008.
[6] 陈日文，陈岸涛．中职学生安全教育［M］．广州：广东科技出版社，2012.
[7] 施顺芝．食物相克与最佳食物搭配［M］．石家庄：河北科学技术出版社，2005.
[8] 雷雳，张雷．青少年心理发展［M］．北京：北京大学出版社，2003.
[9] 梁启超．梁启超全集（第 2 册）［M］．北京：北京出版社，1999.
[10] 王励，王利群，魏汉军，等．公共道德：知识与责任［M］．广州：世界图书出版公司，2011.
[11] 王健敏．道德学习论［M］．杭州：浙江教育出版社，2002.
[12] 曾建平．社会公德引论［M］．北京：中央编译出版社，2004.
[13] 席彩云．当代社会公德教育研究［M］．武汉：湖北人民出版社，2008.
[14] 马克思恩格斯选集（第十七卷）［M］．北京：人民出版社，1963.
[15] 徐林正，六小龄童．猴缘［M］．北京：京华出版社，2004.
[16] 中国就业培训技术指导中心．职业道德［M］．北京：中央广播电视大学出版社，2007.
[17] 徐继超．公民道德教育及法制教育［M］．北京：中国社会出版社，2003.
[18] 吴建明．浅谈青少年法制教育［J］．陕西青年管理干部学院学报，2001（2）：15-16+42.
[19] 丁金霞．浅论青少年社会责任感的培养［J］．当代教育论坛，2005（8S）：30-31.
[20] 郭建宁．爱国：民族精神的核心［J/OL］．人民网-理论频道，2014-05-06. http：//theory. people. com. cn/n/2014/0506/c384764-24981812. html
[21] 吴潜涛，杨峻岭．全面理解爱国主义的科学内涵［J］．高校理论战线，2011（10）：9-14.
[22] 侯思卉．中学生社会公德意识研究［D］．大连：辽宁师范大学，2013.
[23] 周光余．社会公共领域中道德现象的博弈分析［D］．上海：华东师范大学，2009.
[24] 尚阳．品格第一：提升员工执行源动力的九项修炼［M］．北京：北京大学出版社，2004.
[25] 牛少凤．推动依法治国建设的思考［J］．中国国情国力，2015（5）：29-31.
[26] 李斌．家国情怀是立身养德之本——谈谈领导干部的家风［N］．人民日报，2016-01-20（4）．